ADAC Reiseführer

Salzburg

Schlösser · Kirchen · Aussichtspunkte
Shopping · Cafés · Hotels · Restaurants

Die Top Tipps führen Sie zu den Highlights

von Renate Möller

Intro

Unterwegs

Karten und Pläne

☐ Service

Leserforum

Die Meinung unserer Leserinnen und Leser ist wichtig, daher freuen wir uns von Ihnen zu hören. Wenn Ihnen dieser Reiseführer gefällt, wenn Sie Hinweise zu den Inhalten haben – Ergänzungs- und Verbesserungsvorschläge, Tipps und Korrekturen –, dann kontaktieren Sie uns bitte:

Redaktion ADAC Reiseführer
ADAC Verlag GmbH
Hansastraße 19, 80686 München
Tel. 089/76 76 41 59
reisefuehrer@adac.de
www.adac.de/reisefuehrer

Salzburg Impressionen

Barocke Beschaulichkeit und Kulturmarathon

Salzburg: Ort der Sehnsucht für Mozartjünger, Treffpunkt der Prominenz und des mondänen Festspielpublikums, Barockjuwel und Kunststadt. Die Assoziationen mit Salzburg sind so vielfältig wie die Interessen der Besucher und Kunstliebhaber, die hierher pilgern.

Viel besungen, euphorisch gepriesen und über jeden Zweifel erhaben ist seine einmalige und romantische **Lage** an einem anmutigen Fluss, der Salzach, eingebettet in die traumhaft schöne Landschaft des Salzkammerguts und überragt von einer grandiosen Burgfestung.

Es ist fast egal, auf welchen der Salzburger Hausberge rund um die Innenstadt man sich begibt, ob man auf der Festung Hohensalzburg, auf dem Mönchsberg beim Museum der Moderne oder auf der ›Kanzel‹ an der Hettwer-Bastei auf dem Kapuzinerberg steht: Immer ergibt sich ein Motiv wie aus dem Bilderbuch.

Salzburg besitzt ein gut erhaltenes **Altstadtensemble** mit bedeutenden Kunst- und Architekturdenkmälern aus allen Epochen. Diese verdankt die Stadt zu einem beachtlichen Teil dem italienbesessenen **Fürstbischof Wolf Dietrich von Raitenau**, einem Kleriker mit absoluter weltlicher Macht und überaus diesseitiger Sinnlichkeit. Unter seiner Ägide gewann die frühbarocke Stadtplanung prägende Gestalt und Salzburg erwarb diese unvergleichliche Verbindung von italienischer Großzügigkeit und nördlicher Winkelromantik.

Oben: *Hugo von Hofmannsthals Jedermann (Peter Simonischek) und seine Buhlschaft (Sophie von Kessel) vor der grandiosen Barockkulisse des Salzburger Doms*
Links: *Schaut man vom Schloss Mirabell über den Park, so erblickt man in der Ferne auch den Salzburger Dom und die Festung Hohensalzburg*
Unten: *Süße Köstlichkeit aus Schaum – die Salzburger Nockerln sind eine Spezialität der Mozartstadt*

Die Stadt ist ein **Gesamtkunstwerk**: aufregend komplex und gleichzeitig von faszinierender Einheitlichkeit. In Salzburg liegt alles recht gemütlich beieinander und da die Altstadt zudem autofreie Zone ist, ist das Umherschlendern und Flanieren eine dieser Stadt angemessene Fortbewegungsart. Wer motorisiert unterwegs ist, dem seien für eine Besichtigung des historischen Zentrums die Parkgaragen im Mönchsberg, für den Besuch von Schloss Mirabell auf der anderen Seite der Salzach die Mirabellgarage am gleichnamigen Platz empfohlen.

Die **Altstadt**, der eigentliche Stadtkern, liegt links der Salzach. Hier befinden sich die Hauptsehenswürdigkeiten wie der Dom mit Domplatz und Mariensäule, die Residenz und die Franziskanerkirche mit gotischem Hallenchor von Hans Burghausen und barockem Hochaltar von Fischer von Erlach, Mozarts Geburtshaus, die Festspielhäuser, die Getreidegasse sowie die alles überragende Festung Hohensalzburg.

Nördlich der Altstadt und überragt vom **Mönchsberg** geht's zum Vorort Mülln. Rechts der Salzach befindet sich **Schloss Mirabell** mit dem bezaubernden Mirabellgarten, der moderne Neubau des Mozarteums, der verwunschen wirkende **Sebastiansfriedhof** mit der Grabstätte von Constanze Mozart und nicht zuletzt ein von jugendlichem Flair erfülltes Viertel rund um die **Linzer Gasse**. Südlich von Salzburg erstreckt sich **Schloss Hellbrunn** mit seinen weitläufigen Parkanlagen. Zudem locken im Umland der Stadt sehenswerte Ziele wie die **Wallfahrtskirche Maria Plain**, das **Salzburger Freilichtmuseum** oder der **Hangar 7**.

Will man sich einen **Überblick** über die gesamte Stadt verschaffen, so schwebt man am schnellsten und bequemsten – halb vor dem Berg, halb in ihm – mit dem Mönchsberglift hinauf zum **Museum der**

Moderne Salzburg Mönchsberg, von dessen Terrasse sich ein atemberaubendes Salzburgpanorama eröffnet. Wer nicht so hoch hinaus will, dem reicht der Turm des Glockenspiels. Einen idealen Blick auf die Stadt und vor allem auf Dom und Domplatz hat man von der Festung aus. Komfortabel bringt die schon erwähnte Festungsbahn (Einstieg in der Festungsgasse) Besucher hinauf. Und wen beim Fußmarsch auf halbem Wege Anwandlungen von Schwäche heimsuchen sollten, der hat von der Hangterrasse des Stieglkellers aus – bei einem frisch gezapften Bier – auch einen herrlichen Blick auf die Altstadt. Ein beliebter Aussichtspunkt auf der anderen Seite der Salzach ist die Kanzel der Hettwer-Bastei auf dem Kapuzinerberg. Und wer einen etwas ›distanzierteren‹ Blick auf Salzburg wünscht, dem sei die Wallfahrtskirche Maria Plain, etwa drei Kilometer nördlich von Salzburg, empfohlen.

Für die Liebhaber von Kunst und Kulturgeschichte – aber auch im Falle des berühmt-berüchtigten Salzburger ›Schnürlregens‹ – bietet sich der Besuch eines der zahlreichen **Museen** in Salzburg an: Mozarts Geburtshaus oder sein Wohnhaus, die Residenz mit ihren Prunkräumen, die Residenzgalerie mit bedeutenden Gemälden der Renaissance und

Links oben: *Im Museum der Moderne Salzburg auf dem Mönchsberg kann man farbenfrohe Multimedia-Installationen erleben*
Rechts oben: *Publikumsmagnet – die Getreidegasse mit ihren traditionsreichen Zunftschildern*
Unten: *Sonnenuntergangsstimmung über Salzburgs Altstadt mit dem Dom und der darüber thronenden Festung Hohensalzburg*

des Barock sowie der österreichischen Malerei des 19. Jh. Wer eine Schwäche für barocke Malerei hat, dem sei auch noch das Salzburger Barockmuseum im Mirabellgarten wärmstens ans Herz gelegt. Faszinierend und ungewöhnlich ist das Dommuseum mit seiner alten erzbischöflichen Kunst- und Wunderkammer. Interessenten für die Kunst des 20./21. Jh. pilgern zu den beiden Standorten des Museum der Moderne, zum Rupertinum in der Alstadt und auf den Mönchsberg. Alles über Salzburgs Geschichte von prähistorischer Zeit bis heute erfährt man im Salzburg Museum in der Neuen Residenz. Kinder – und oft noch mehr die Erwachsenen – fasziniert auch dessen Dependance, das Spielzeugmuseum im ehemaligen Bürgerspital. Die Fans von Naturwissenschaft und Dinosauriern kommen im Haus der Natur auf ihre Kosten!

Begeisterung für großartige **Baukunst** vermögen Salzburgs prachtvolle Kirchen zu wecken: Als epochale architektonische Werke allen voran stehen die grandiosen hochbarocken Gotteshäuser des Fischer von Erlach: Kollegienkirche, Markuskirche und Dreifaltigkeitskirche. Mit einem lichtdurchfluteten spätgotischen Hallenchor beeindruckt die gotische Franziskanerkirche, mit fulminanten Dimensionen überwältigt der frühbarocke Dom. Eine profane Augenweide ist das berühmte Treppenhaus Lukas von Hildebrandts mit den Skulpturen Georg Raphael Donners in Schloss Mirabell!

Abseits städtischer Betriebsamkeit führt ein kleiner **Spaziergang** von der Festung zum Stift Nonnberg mit bedeutenden romanischen Fresken unter dem Nonnenchor. Noch beschaulicher geht es auf dem nördlichen Mönchsberg mit den Wiesen, Wäldern und versteckten Barockschlösschen zu. Malerische Aussichtspunkte auf Altstadt und Festung bieten vis-à-vis die weitläufigen Pfade auf dem waldgrünen Kapuzinerberg.

Oben: *Das Innere des Salzburger Doms beeindruckt mit eleganter Stuckverzierung*
Rechts oben: *Mozarts Oper ›Die Zauberflöte‹ 2006 inszeniert von Pierre Audi*
Rechts unten: *Schloss Mirabell (links), das Barockmuseum und die Galerie Thaddaeus Ropac (rechts)*

Der Reiseführer

Die **Sehenswürdigkeiten** dieses Reiseführers wurden in fünf Kapitel unterteilt. Nach Möglichkeit wurden alle Objekte so aneinander gereiht, dass sie sich in bequemen Spaziergängen erkunden lassen. Für den Kurzbesucher empfiehlt sich die Rubrik **1 Tag in Salzburg/1 Wochenende in Salzburg** auf der letzten Seite dieses Bandes. **Übersichtskarten** erleichtern die Orientierung. Besondere *Empfehlungen* zu Hotels, Restaurants und Schlössern etc. bieten die **Top Tipps**. Der Abschnitt **Salzburg aktuell A bis Z** enthält alphabetisch geordnet Nützliches von Informationen vor Reiseantritt über Einkaufs- und Veranstaltungstipps bis hin zu Empfehlungen für Hotels, Restaurants und Stadtbesichtigungen. Ein **Kaleidoskop** von Kurzessays zu interessanten Salzburg-Themen rundet den Reiseführer ab.

Geschichte, Kunst, Kultur im Überblick

Von Kelten, Römern, Erzbischöfen und Festspielglanz zwischen Mozart und Jedermann

Vorgeschichte Fundstücke aus der Zeit um 40 000 v. Chr. belegen die Besiedlung der Region in der Altsteinzeit. In der Bronzezeit (1800–1000 v. Chr.) betreibt man Kupferbergbau. In der Hallstattzeit (1000–450 v. Chr.) wird Salz gewonnen (Stadtname!) und gehandelt.

Ab 5. Jh. v. Chr. Besiedlung durch die Kelten: Im 1. Jh. v. Chr. entsteht unter der Führung des Stammes der Noriker das keltische Königreich Noricum.

Römerzeit 15 v. Chr. wird Noricum durch den römischen Kaiser Tiberius unterworfen. Unter Kaiser Claudius (41–54 n. Chr.) wird Juvavum (Salzburg) römische Provinz.

5. Jh. n. Chr. Rückzug der Römer vor den eindringenden Ostgoten.

um 470 In der Vita des hl. Severin wird eine Kirche erwähnt.

477 Eroberung der Stadt durch die Germanen unter Odoaker.

um 696 Bedeutende Zeit für die Stadtentwicklung: Der hl. Rupert (um 696–718) kommt nach Salzburg und gründet ein Nonnenkloster, erneuert und reformiert das schon bestehende Peterskloster, lässt die Peterskirche errichten und wird erster Abt. Der von ihm zum christlichen Glauben bekehrte bairische Herzog Theodo schenkt ihm das Gebiet von Salzburg, das er zu seinem Bischofssitz macht, sowie eine Fliehburg namens ›Salzpurch‹ auf dem Nonnberg.

739 Der hl. Bonifatius gründet die Salzburger Diözese. Salzburg als Bistum und zeitweiliger Sitz der bairischen Herzöge entwickelt sich zu einer reichen Stadt.

745–784 Der Ire Virgil, Abt von St. Peter, wird 755 oder 767 zum Bischof geweiht.

755 In der Lebensbeschreibung des hl. Bonifatius findet sich die erste Bezeichnung der Stadt als Salzpurch. Der Fluss Juvarus heißt nun Salzach.

774 Der erste Dom Salzburgs, erbaut unter dem hl. Virgil, wird geweiht.

798 Der Baier Abtbischof Arno, Schützling Kaiser Karls des Großen, wird zum ersten Salzburger Erzbischof ernannt.

um 1077 Auf dem Festungsberg wird während des Investiturstreites zwischen dem Kaiser und dem Papst eine Burganlage errichtet. Salzburg steht während dieser Auseinandersetzung aufseiten Papst Gregors VII.

1167 Kaiser Friedrich I. Barbarossa verhängt die Reichsacht über Salzburg und lässt die Stadt niederbrennen. Der Dom wird zerstört.

12. Jh. Die Salzburger Kunst erlebt eine Blütezeit. Die Stadt wird wieder aufgebaut, der Dom neu errichtet. In der Abtei Nonnberg entstehen die romanischen Fresken.

1348/49 Ein Drittel der Bevölkerung stirbt an der Pest.

1365–96 Unter Erzbischof Pilgrim II. von Puchheim erlebt das 798 gegründete

In trauter Nähe zeigen sich die für Salzburgs Historie des 7./8. Jh. bedeutenden Bischöfe Rupert und Virgil in der Stiftskirche St. Peter

Großartige Kunstwerke entstehen im Salzburg des 12. Jh.: Graduale im Salzburg Museum

Erzbistum seine größte Ausdehnung. Die Entwicklung des Minnegesangs erreicht ihren Höhepunkt mit dem ›Mönch von Salzburg‹.

1481 Kaiser Friedrich III. verleiht der Stadt den ›Großen Ratsbrief‹ mit fast allen Rechten einer freien Reichsstadt.

1495–1519 Unter Erzbischof Leonhard von Keutschach wird die Festung ausgebaut. In der Spätgotik erleben Architektur und Buchmalerei einen Höhepunkt.

1498 Vertreibung der Juden aus der Stadt.

1511 Erzbischof Leonhard von Keutschach lässt die Ratsmitglieder und den Bürgermeister auf der Festung Hohensalzburg gefangennehmen und zwingt sie zur Unterzeichnung eines Verzichts der Bürger auf die Rechte des ›Großen Ratsbriefes‹. Damit wird die Grundlage für das absolute Fürstentum der folgenden Erzbischöfe geschaffen.

1519–40 Der Bauernkrieg und die Unruhen der Reformationszeit prägen die Amtszeit von Erzbischof Matthäus Lang von Wellenburg.

1525 Der Bauernaufstand scheitert an der Uneinnehmbarkeit der Festung.

1587–1612 Erzbischof Wolf Dietrich von Raitenau regiert Salzburg als genialster und eigensinnigster Herrscher der Stadt. In die Skandalgeschichte geht sein Verhältnis mit der Bürgerstochter Salome Alt ein, mit der er zahlreiche Kinder hat. Salzburg wird von einer mittelalterlichen zu einer frühbarocken Stadt italienischer Prägung. Vincenzo Scamozzi plant die ›città ideale‹, die teilweise verwirklicht wird.

1612 Absetzung von Erzbischof Wolf Dietrich und strenge Haft auf der Festung Hohensalzburg bis zu seinem Tod 1617.

1612–19 Erzbischof Markus Sittikus von Hohenems führt die Umgestaltung der Stadt im Sinne seines Vorgängers weiter.

Von der großen Blüte der Stadt im frühen Mittelalter zeugt das älteste Salzburger Stadtsiegel (Mitte 13. Jh.) im Salzburg Museum.

Erzbischof Markus Sittikus (1612–1619) – im Hintergrund Schloss Hellbrunn. Ausschnitt aus einem Gemälde von Donato Mascagni (1618) in Schloss Hellbrunn

1619–53 Erzbischof Paris Lodron veranlasst den Ausbau der Stadtbefestigung.
1622 Gründung der Universität.
1628 Domweihe.
1654–68 Erzbischof Guidobald Graf von Thun erreicht die Vollendung der ›Fürstenstadt‹.
1668–87 Erzbischof Max Gandolf führt unbarmherzige ›Zauberjackl-Prozesse‹ gegen Bettler und Landstreicher.
1687–1709 Erzbischof Johann Ernst Graf von Thun, genannt der ›Stifter‹, wird größter Kirchenbauer Salzburgs. Ablehnung der italienischen Künstler zugunsten von Johann Bernhard Fischer von Erlach. Höhepunkt der Salzburger Barockarchitektur.
1709–27 Unter Erzbischof Franz Anton von Harrach wird Johann Lukas von Hildebrandt anstelle Fischers von Erlach Architekt. Barockisierung älterer Kirchen. Als Maler wirken Johann Michael Rottmayr und Martin Johann Schmidt, genannt Kremserschmidt, Gartenarchitekt ist Franz Anton Danreiter.
1731/32 Erzbischof Leopold Anton Freiherr von Firmian erzwingt die Emigration von ungefähr 20 000 Protestanten. Die meisten lassen sich in Ostpreußen nieder oder wandern nach Amerika aus (Ebenezer/Georgia, USA).
1753–71 Erzbischof Sigismund III. Schrattenbach ist musikalischer und verständnisvoller Förderer der Familie Mozart.
1756 Am 27. Januar wird Wolfgang Amadeus Mozart geboren.
1772–1803 Erzbischof Hieronymus Colloredo ist beim Volk wegen seiner Sparsamkeit und seines aufgeklärten Rationalismus ziemlich unbeliebt. – Ende des Rokoko. – Zerwürfnis mit Mozart. – Michael Haydn wird Hof- und Domorganist.
1783 Mozart kehrt zum ersten Mal in seine Heimatstadt zurück und dirigiert die Uraufführung seiner c-Moll-Messe in St. Peter.
1791 Am 5. Dezember stirbt Mozart in Wien.
1800 Erzbischof Colloredo flieht vor den napoleonischen Truppen. Besetzung der Stadt.
1803 Säkularisation des geistlichen Fürstentums Salzburg infolge der Napoleonischen Kriege. Erzbischof Colloredo dankt ab. Großherzog Ferdinand III. von Toskana wird erster Kurfürst von Salzburg (bis 1805).
1805 Salzburg wird dem neuen Kaiserreich Österreich zugeschlagen
1810 Salzburg wird bayerisch unter König Ludwig I.
1816 Salzburg kommt endgültig zu Österreich und sinkt zu einer unbedeutenden Provinzstadt herab.
1818 Ein großer Brand zerstört die Neustadt und teilweise Schloss Mirabell. Am 24. Dezember erklingt zum ersten Mal das Weihnachtslied ›Stille Nacht, heilige Nacht‹ in Salzburg. – Biedermeiermaler entdecken die Stadt an der Salzach.
1842 Das Mozart-Denkmal von Ludwig von Schwanthaler wird im Beisein der Mozart-Söhne Franz Xaver und Karl feierlich enthüllt.
1850 Salzburg wird selbstständiges Kronland des Kaisertums Österreich und bekommt eine eigene Landesregierung.
1860 Mit der Eröffnung der Kaiserin-Elisabeth-Westbahn Wien–Salzburg–München wird die Stadt an das internationale Eisenbahnnetz angeschlossen.
1861 Offizielle Aufhebung der Festung Hohensalzburg.
1862–66 Das Schleifen der Stadtbefestigungsanlagen und die Regulierung der

Erzbischof Wolf Dietrich von Raitenau, 1589, im Alter von 30 Jahren. Gemälde (Ausschnitt) im SalzburgMuseum

Wolfgang Amadeus Mozart (1756–1791). Gemälde (Ausschnitt) im ›Tanzmeistersaal‹ am Makartplatz

Der große Theatermann Max Reinhardt (1873–1943) begründete 1920 die Salzburger Festspiele

Salzach bewirken den Bauboom der Gründerzeit, vor allem im Stadtgebiet rechts der Salzach. Es entsteht u. a. das Andräviertel.

1877 Erstes von der Internationalen Mozartstiftung veranstaltetes Mozartfest.

1917 Richard Strauss, Max Reinhardt, Hugo von Hofmannsthal u. a. gründen die Festspielgemeinde.

1920 Am 22. August erste Aufführung des ›Jedermann‹ von Hugo von Hofmannsthal, inszeniert von Max Reinhardt, auf dem Domplatz. Mit den Salzburger Festspielen beginnt die Stadt aufzublühen. Salzburg wird Bundesland des Bundesstaates Österreich.

1938 Annektierung Österreichs durch Hitler. Salzburg wird Reichsgau.

1944/45 19 Luftangriffe der Alliierten auf die unverteidigte Stadt führen zu schweren Schäden.

4. Mai 1945 Einzug der Amerikaner.

1955 Mit dem Staatsvertrag kommt das Ende der zehnjährigen amerikanischen Besatzung.

1956 Erste ›Mozartfestspiele‹ anlässlich seines 200. Geburtstags.

1967 Als Folge einiger schwerwiegender Bausünden der Nachkriegszeit wird das Salzburger Altstadterhaltungsgesetz ›Lex Salisburgensis‹ verabschiedet.

1995 Am 1. Januar wird Österreich Mitglied der Europäischen Union.

1997 Die Altstadt von Salzburg wird in die UNESCO-Liste des Weltkulturerbes aufgenommen.

2004 Im April wird Gabi Burgstaller (SPÖ) zur ersten Landeshauptfrau Salzburgs gewählt. – Das Museum der Moderne Salzburg eröffnet seinen zweiten Standort auf dem Mönchsberg.

2006 Salzburg feiert Mozarts 250. Geburtstag. Im Juni eröffnet das Haus für Mozart, das aus dem Kleinen Festspielhaus entstanden ist. Im Oktober weiht die Universität Mozarteum das Neue Mozarteum am Mirabellgarten ein.

2007 Das Salzburg Museum eröffnet in der Neuen Residenz.

2008 Das Glockenspiel wird erstmals seit 1704 restauriert. 2011 erklingt es wieder.

2009 Die Landtagswahlen im März gewinnt erneut die SPÖ als stärkste Partei.

2012 Der Baukonzern Alpine, dessen Zentrale sich in Salzburg befindet, wird vom spanischen Konkurrenten FCC übernommen.

Zum 250. Geburtstag des Komponisten eröffnet 2006 das Haus für Mozart

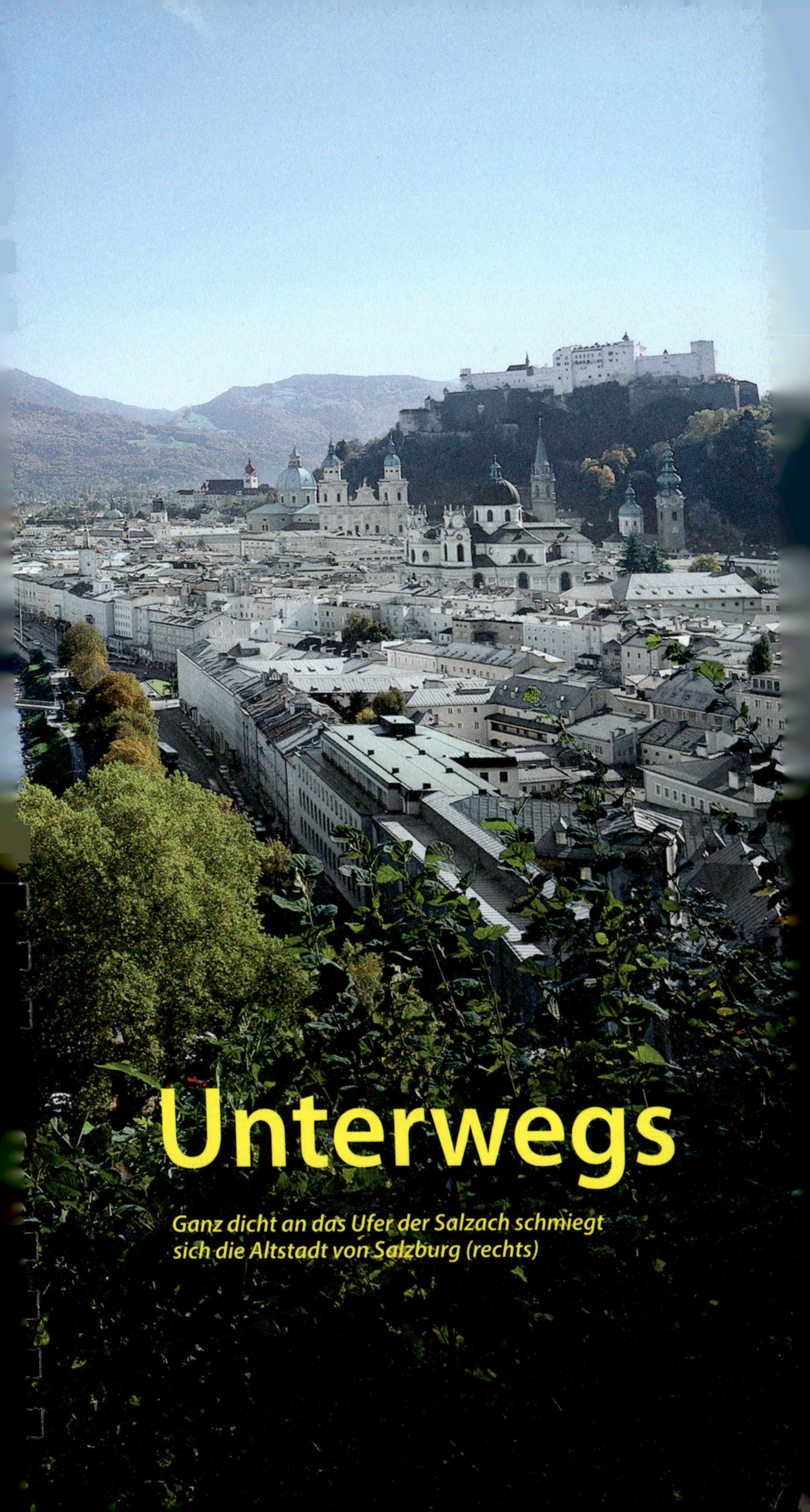

Unterwegs

Ganz dicht an das Ufer der Salzach schmiegt sich die Altstadt von Salzburg (rechts)

Altstadt – über allem wacht die Festung

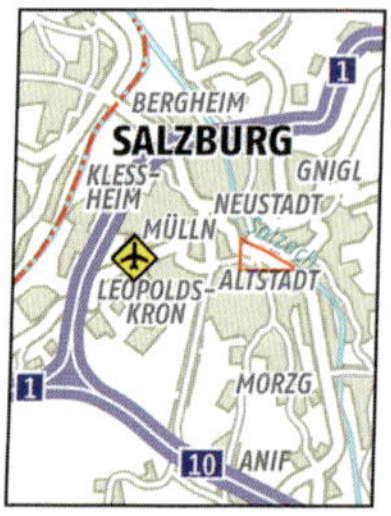

Hier – links der Salzach – schlägt das Herz der Stadt: Auf dem Grünmarkt am Universitätsplatz versorgen sich die Einheimischen mit Viktualien, gleich dahinter – in der Universität – tummeln sich die Studenten und dazwischen – in den altertümlichen Gassen, den lauschigen Innenhöfen und auf den südländisch belebten Plätzen – flanieren die Touristen.

Geradezu verschwenderisch löst hier eine Sehenswürdigkeit die nächste ab: Dom und Café Tomaselli, Getreidegasse und Franziskanerkirche, Festspielhäuser und Festung Hohensalzburg, Mozarts Geburtshaus und die Residenz, Stieglkeller und Fischer von Erlachs berühmte Kollegienkirche. Für jeden Geschmack ist etwas geboten. Und wer vom Pflastertreten genug hat, lässt sich stilvoll im Fiaker herumkutschieren.

Drei Höhepunkte Salzburgs: Der barocke Reigen von Dom und Kollegienkirche erstrahlt mit der auf imposantem Burghügel thronenden Festung Hohensalzburg glanzvoll in Weiß

1 Dom

TOP TIPP *Erster barocker Kirchenbau nördlich der Alpen und einer der monumentalsten Dome überhaupt.*

Domplatz
www.salzburger-dom.at
Jan./Febr., Nov. Mo–Sa 8–17, So/Fei 13–17 Uhr, März/April, Okt., Dez. Mo–Sa 8–18, So/Fei 13–18Uhr, Mai–Sept. Mo–Sa 8–19, So/Fei 13–19 Uhr
Bus 3, 5, 6, 7, 8, 20, 25, 28, 840 bis Mozartsteg

Geistlicher Mittelpunkt und bedeutendstes Gotteshaus der Stadt ist der prachtvolle Dom, der mit seiner mächtigen Kuppel und den beiden behelmten Fassadentürmen Salzburgs elegante Silhouette bereichert. Seine heutige frühbarocke Erscheinungsform geht zurück auf einen Neubau des frühen 17. Jh. Sein Vorgänger, der 767–774 unter dem hl. Virgil errichtete und nach der Zerstörung der Stadt 1167 in Form einer fünfschiffigen Kreuzbasilika erweiterte Dom, hatte im Laufe seiner **Geschichte** achtmal gebrannt. Nachdem am 11. Dezember 1598 wiederum ein – allerdings relativ harmloses – Feuer die Kirche beschädigt hatte, nutzte Erzbischof *Wolf Dietrich von Raitenau* die Chance, das alte Gotteshaus abreißen zu lassen. Der damals größte mittelalterliche Sakralbau nördlich der Alpen wurde also dem Erdboden gleichgemacht, Bischofsgräber wurden ausgehobe, und Grabplatten zerschmettert. Die romanisch-gotische Ausstattung wurde fast vollständig zerstört und in die Salzach geworfen. In Anbetracht dieser radikalen Vorgehensweise ist es kein Wunder, dass bald Gerüchte die Runde machten, der Erzbischof habe den im Oratorium seiner Geliebten Salome Alt ausgebrochenen Brand selbst gelegt, um einen ganz neuen, modernen Dom errichten zu

können. Dies entspricht wohl nicht der Wahrheit, schon eher der überlieferte Ausspruch Wolf Dietrichs: »Brennet es, so lasset es brennen.«

Nach dem Abriss rief Erzbischof Wolf Dietrich 1604 den Palladio-Schüler Vincenzo Scamozzi nach Salzburg, dessen Pläne einer venezianisch anmutenden Kuppelbasilika der Spätrenaissance sich jedoch als zu gigantisch erwiesen und erheblich reduziert werden mussten. 1610 wurde dann der Grundstein für einen Dom mit 104 m Länge statt der ursprünglich vorgesehenen 139 m gelegt. Doch schon 1612 stoppten Wolf Dietrichs Entmachtung und Gefangensetzung das Projekt. Wolf Dietrichs Vetter und Nachfolger *Erzbischof Markus Sittikus von Hohenems* veranlasste die Neuplanung durch den Oberitaliener Santino Solari,

In frischem Weiß posiert Paulus mit seinem Schwert vor dem Domportal

der einen wiederum verkleinerten Bau entwarf, welcher sich nur noch in wenigen Merkmalen an die Ideen Scamozzis hielt. So entstand als erste frühbarocke Kirchenanlage nördlich der Alpen ein von der römischen Jesuitenkirche Il Gesù beeinflusster tonnenüberwölbter Sakralbau, kleiner zwar als der romanische Vorgänger, jedoch mit seiner Länge von 99 m, der Kuppelhöhe von 75 m und der Turmhöhe von 79 m noch immer imposant. Am 25. September des Jahres 1628 fand die Weihe dieses eindrucksvollen Bauwerks statt, das mit seinen stattlichen Dimensionen 10 500 Menschen Platz bot. Die Kuppel und ein Teil des Altarraums wurden 1944 durch eine Fliegerbombe zerstört und nach ihrer Instandsetzung 1959 feierlich wieder geweiht.

Umgeben von drei weitläufigen Plätzen, dem Residenz-, dem Dom- und dem Kapitelplatz, ragt der großartige, strenge Bau frei auf. Der Provenienz seiner Baumeister, d.h. italienischer Tradition verpflichtet, zeigt nur die **Schaufassade** dem Betrachter ein geschmücktes Gewand. Die anderen Seiten dagegen bestehen aus rauem, dunklem und ungegliedertem Nagelfluh, einem lokalen Gesteinskonglomerat. Um so heller strahlt die mächtige und doch anmutig gegliederte Doppelturmfassade aus hellem Untersberger Marmor, der besonders im Abendlicht wunderschön rosa schimmert. Die vertikale Abfolge der drei verschiedenen Säulenordnungen dorisch, ionisch und korinthisch im Mittelteil entspricht noch den klassischen Regeln der Renaissance. Die Staffelung der Fassade durch die viergeschossig vortretenden *Türme* und die 1652–55 aufgesetzten achteckigen Turmhelme zeigen bereits barockes Architekturverständnis.

Neben den drei **Eingangsarkaden** – weltweit bekannt als fulminante Kulisse des ›Jedermann‹ [s. S. 27] – stehen auf hohen, mit Wappenreliefs geschmückten Sockeln vier **Figuren** von monumentaler Größe. Die beiden äußeren stellen die Landespatrone *Rupert* und *Virgil* dar (Bartholomäus van Opstal, um 1660), die inneren die Apostel *Petrus* und *Paulus* (Michael Bernhard Mandl, 1697/98). Die vorgeblendete Balustrade bevölkern die *vier Evangelisten* als Vertreter des Neuen Testaments, darüber erheben sich, unter dem Schutz eines stolzen Christus als *Salvator mundi,* links und rechts des giebelartigen Aufsatzes, die alttestamentarischen Figuren *Moses* und *Elias* – sie alle

Prachtvolle Schlichtheit: Blick vom Eingang in Langhaus und Apsis des Doms

werden dem sog. Meister des Residenzbrunnens [s.S.28] zugeschrieben.

Durch drei bronzene **Rundbogenportale**, Werke (von links nach rechts) des Salzburger Künstlers Toni Schneider-Manzell (›Glaube‹), des Mailänders Giacomo Manzù (›Liebe‹) und des Düsseldorfers Ewald Mataré (›Hoffnung‹), aus den Jahren 1957/58, führt der Weg in die dämmrige **Vorhalle**. Aus ihrem Halbdunkel heraustretend, wirkt der elegant stuckierte **Innenraum** verblüffend hell. In

Eleganz, die ihresgleichen sucht: Stuckdekoration in den Seitenkapellen des Doms

den tonnengewölbten Saalraum dringt Licht durch die überkuppelten Seitenkapellen und vor allem durch die riesige **Vierungskuppel** mit dem achteckigen, durchfensterten Tambour. Chor und Querhausarme schließen jeweils mit einer halbrunden Apsis und bilden so die charakteristische Grundrissform eines Kleeblatts. Eine mächtige Kolossalordnung mit Komposit-Doppelpilastern und darüber verkröpftem Gebälk sowie Emporenbalkone übergreifen die Wände. Der üppige, plastisch stark ausgeformte **Stuck** mit fantasievollen Figuren und Putten, schwungvollen Girlanden, Blumen, Pflanzen und Kartuschen ist das gelungene Werk des Italieners Giuseppe Bassarino und seiner Helfer (um 1630).

Beeindruckend ist die einheitliche, wenn auch eher zurückhaltende **Ausstattung**, die größtenteils aus dem 17. Jh. stammt. Eines der wenigen an Ort und Stelle erhaltenen Ausstattungsstücke des alten Doms ist das romanisch-gotische *Taufbecken* aus Bronze links vom Eingang. Meister Heinrich hatte das eigentliche Becken im Jahr 1321 geschaffen, während die vier als Stützen dienenden Bronzelöwen noch ins 12. Jh. datieren. Der in Niellotechnik – mit einer speziellen Legierung aus Silber, Kupfer, Blei und Schwefel – verzierte Deckel dagegen ist modern (Toni Schneider-Manzell, 1959). Derselbe Künstler gestaltete auch die bronzene *Kanzel* (1958/59).

Fresken mit einem christologischen Programm schmücken die Decke und beziehen auch die *Altarbilder* mit ein. Ursprünglich zur Domweihe 1628 vom Hofmaler Donato Mascagni unter Mithilfe von Ignazio Solari, dem Sohn des Dombaumeisters, fertig gestellt, wurden sie 1954/55 nach den schweren Zerstörungen im Zweiten Weltkrieg mit Hilfe alter Farbdias rekonstruiert. Dabei wurden die vier Evangelisten in den Kuppelpendentifs von Clemens Fischer ganz neu gemalt. 1881–95 schuf Ludwig Glötzle die Deckenbilder der Kapellen sowie die großformatigen Kreuzwegstationen über den Durchgängen. Bewusst wurden die verschiedenen Szenen im Kirchenraum so angeordnet, dass Leben und Leiden Christi im halbdunklen Langhausgewölbe dargestellt sind, Grablegung und Abstieg in die Vorhölle im Chor. Die Auferstehung Christi ist Thema des Hochaltarbildes. Ergänzend dazu sind im südlichen Querschiff (rechts vom Hauptaltar) Szenen aus dem Marienleben dargestellt, ihr Höhepunkt ist das Altarbild mit dem ›Maria-Schnee-Wunder‹. Den nördlichen Querarm schmücken Szenen aus dem Leben des hl. Franziskus.

Bedeutende und seltene Beispiele deutscher Barockmalerei bergen die **Altäre** in den jeweils vier offenen nördlichen und südlichen Seitenkapellen. An der *Nordseite* fällt zunächst links vom Eingang eine ›Taufe Christi‹ (1674) von Frans de Neve ins Auge, die ebenso wie die benachbarte Darstellung der ›hl. Anna Selbdritt‹ (um 1657) von Joachim Sandrart die Nähe der beiden Künstler zu Rubens verrät. Um eine Kopie handelt es sich bei der ›Verklärung Christi‹ (Francesco Vannis Original hängt in Höglwörth, Oberbayern) in der dritten Seitenkapelle, die monumentale ›Kreuzigung‹ nebenan schuf der seinerzeit bereits gefeierte tschechische Barockmaler Karel Škreta 1674. Von ihm stammt auch das eindrucksvolle ›Pfingstwunder‹ vis-à-vis in der Seitenkapelle an der *Südseite*. Die Altäre in den folgenden Kapellen zeigen großformatige Darstellungen der Heiligen ›Martin, Gregor, Hieronymus und Nikolaus‹ (1669), ›Karl Borromäus‹ (1655) sowie neben dem Eingang ›Rochus und Sebastian‹ (um 1650) von Johann Heinrich Schönfeld.

Ein Blickfang im Dom sind auch die fünf **Orgeln**, die in ihrer heutigen Ausstattung erst 1995 fertig gestellt wurden. Die prachtvolle *Hauptorgel* (1988) auf der Westempore im Barockgehäuse von 1705 mit 58 Registern auf drei Manualen und Pedal nimmt den Platz des im Jahr 1944 beschädigten Originalinstruments ein. Die *Vierungsorgeln* wurden in Anlehnung an die im 19. Jh. entfernten Barockinstrumente neu erbaut. Die beiden östlichen Werke (1991) verfügen über jeweils 14 Register auf zwei Manualen und Pedal, bei den westlichen Orgeln (1995) italienischen Typs handelt es sich um eine ein-

Romanisch-gotisches Kleinod im barocken Dom: Taufbecken aus Bronze

Atemberaubend schöne und wertvolle Schätze birgt das Dommuseum: Prunkkelch und Patene des Erzbischofs Max Gandolf Graf von Kuenburg (Augsburg 1679)

manualige mit 11 Registern und eine zweimanualige mit 24 Registern. Die Dom- und Orgelkonzerte, in denen teils fünf Organisten und Chöre gemeinsam musizieren, vermitteln heutzutage wieder einen Eindruck von der imposanten Klangfülle im Dom zu Mozarts Zeiten.

Im südlichen Teil der Domvierung liegt der Eingang zur 1957–59 geschaffenen **Unterkirche**. Sie birgt Mauer- und Säulenreste des romanischen Doms, die bei archäologischen Untersuchungen zutage traten, und dient als Grablege der Salzburger Erzbischöfe.

Weitere archäologische Funde sind im **Domgrabungsmuseum** (Eingang: Residenzplatz, beim 1. Dombogen, Tel. 06 62/ 845 21 31, www.salzburgmuseum.at, Juli/ Aug. tgl. 9–17 Uhr, sonst nach Vereinbarung) unter dem Residenz- und Domplatz zu bewundern. Dass dieser Ort schon in der Antike besiedelt war, beweisen Mauern und Mosaike einer römischen Villa aus dem 3. Jh. n. Chr. Selbst die Fußbodenheizung ist noch zu erkennen.

Vom romanischen Dom aus dem 12. Jh. sind die Grundmauern der Westtürme zu sehen. Auf ihnen wurden nach dem großen Brand von 1598 Teile des heutigen Doms erbaut.

2 Dommuseum mit Kunst- und Wunderkammer

Edelsteinbesetzte Preziosen aus dem Domschatz und kuriose Schaustücke aus der erzbischöflichen Naturkundesammlung des 17. Jh.

Domplatz 1a (Domvorhalle)
Tel. 06 62/80 47 18 70
www.kirchen.net/dommuseum
Pfingsten–26. Okt., 1. Advent–6. Jan.
Mo–Sa 10–17, So/Fei 11–18 Uhr
Bus 3, 5, 6, 7, 8, 20, 25, 28, 840
bis Mozartsteg

Der Zugang zu der kirchlichen Schatzkammer, in der exquisite Goldschmiedekunst, prachtvolle liturgische Textilien, Skulpturen sowie Gemälde des Mittelalters und des Barock zu bestaunen sind, befindet sich im rechten Teil der **Dombögen**, im Geschoss oberhalb der von kolossalen Pilastern gerahmten Arkaden. Diese sind eine Glanzleistung des aus der Lombardei stammenden Giovanni Antonio Dario. Mit der harmonischen Anbindung der Domfassade an die Residenz und das Stift St. Peter ist hier gleichzeitig eine vielsagende Verbindung – im wahrsten Sinne des Wortes – der geistlichen und weltlichen Macht der Salzburger Fürstbischöfe entstanden.

Den Rahmen für die **Sammlung** des Dommuseums bilden die barocken Räume, die zum Teil als Kapellen dienten und reizvolle Ausblicke auf die Altstadt und in den Dom bieten. Ein einzigartiges Beispiel frühmittelalterlicher Goldschmiedekunst und bedeutendster Schatz des Museums ist das **Rupertuskreuz**, eine englische, genauer gesagt, northumbrische Arbeit aus dem 8. Jh. Eventuell brachte sie Bischof Virgil nach Salzburg mit. Dieses größte erhaltene Metallkreuz des ersten christlichen Jahrtausends war vermutlich einst Ausstattungsstück des romanischen Doms. Kostbare Kleinode dieser Zeit sind zudem die Reiseflasche und der Hirtenstab des hl. Rupert. Aus dem 11. Jh. stammt die mit einer Gemme und großen, rot leuchtenden Edelsteinen verzierte **Staurothek**, ein doppelarmiges, gotisch gefasstes, byzantinisches Reliquienkreuz, das wahrscheinlich den ungarischen Kroninsignien entstammt und als königliches Schwurkreuz diente. Feinste Handwerkskunst verrät auch die vergoldete und edelsteinbesetzte **Hostientaube** aus Limoges (13. Jh.). Zeugnisse der Ära Erzbischof Wolf Dietrichs sind u.a. eine

Monstranz von 1596 und der emailgeschmückte Einband seines **Missale** (1598/99). Erzbischof Max Gandolf von Kuenburg bereicherte die Sammlung mit einem **Prunkkelch** (1679), dessen üppiger Besatz aus Rubinen, Smaragden, Türkisen und anderen edlen Steinen beeindruckt.

Sehenswerte **bildnerische Kunst** des 14.–18. Jh. sind eine Tafel des *Pfarrwerfener Altars* (um 1425/30) und eine *Madonna* aus dem Umkreis Michael Pachers (um 1495-1500) sowie Werke des Salzburger Barock von Paul Troger, Johann Michael Rottmayr und Georg Raphael Donner.

Zu den Attraktionen des Dommuseums zählt auch die **Kunst- und Wunderkammer**, die Erzbischof Guidobald von Thun im 17. Jh. begründete. Ihre im Sinne eines barocken Kuriositätenkabinetts aus aller Welt zusammengetragene Sammlung umfasst Rosenkränze, Mineralien, wissenschaftliche Instrumente, Elfenbeinschnitzereien, Muscheln, Globen und ausgestopfte Tiere. In dieser uns heute skurril anmutenden Vorform heutiger Museen wurden nicht nur Kunst und Kunsthandwerk, sondern auch naturkundliche und technische ›Wunder‹ bis hin zu Abnormitäten vereint und zur Schau gestellt.

Eigentlich zum Stift St. Peter gehört der **Lange Gang** auf der Südseite des Domplatzes, zugänglich ist er allerdings vom Dommuseum aus. An seinen Wände hängen Gemälde aus dem Besitz des Stifts.

3 Domplatz

Würdiger ›Empfangsraum‹ der klerikalen Fürstenstadt.

Bus 3, 5, 6, 7, 8, 20, 25, 28, 840 bis Mozartsteg

Ein Muster an architektonischer Geschlossenheit und Schönheit ist der Domplatz, ein Werk der energischen, allerdings auch rücksichtslosen Bemühungen des Erzbischofs Wolf Dietrich. Gerahmt wird er im Osten von der grandiosen Domfassade, im Norden und Westen von Trakten der zwischen 1595 und 1605

Die fürstbischöfliche Kunst- und Wunderkammer mit den originalen vergitterten Schaukästen des 17. Jh. im Dommuseum

Der Domplatz ist einer der fünf repräsentativen Idealplätze Salzburgs, die um 1600 unter Erzbischof Wolf Dietrich entstanden

entstandenen erzbischöflichen Residenz und im Süden von einem 1658 in angeglichenem Stil errichteten Gebäudeteil, der zum Stift St. Peter gehört. Als grandiose Bühnenkulisse hat der Platz alllsommerlich seinen Auftritt zur Darbietung von Hugo von Hofmannsthals ›Jedermann‹

Optisch auf die Domfassade ausgerichtet ist im Zentrum des Platzes die **Mariensäule**. Das Standbild der Immaculata, der unbefleckten Maria wurde 1766–71 von den Brüdern Wolfgang und Johann Baptist Hagenauer in einer Verbindung von Marmorskulptur und Bleiguss in Anlehnung an die Marienstatuen in Wien und München geschaffen. Auftraggeber war der musikliebende Erzbischof Sigismund Graf Schrattenbach. Die trotz des barocken Entwurfs schon leicht klassizistisch wirkende Muttergottes erhebt sich auf einer Weltkugel mit lateinischer Inschrift, deren Übersetzung lautet: »Im Stande der Unbeflecktheit bist Du geblieben und hast uns Christum geboren.« Als Sockel dient ihr ein würfelförmiger Block aus Untersberger Marmor mit Postamenten und Altarmensen für die Fronleichnamsprozession an den Ecken (Engel, Teufel, Weisheit und Kirche). Die besondere Bedeutung der Kolossalfiguren an den Ecken erläutert eine Tafel an der Domseite: Das Geheimnis der unbefleckten Empfängnis sei so groß, dass der Geist der *Engel* in Entzückung gerate, die menschliche *Weisheit* schwinde, der *Teufel* in Missgunst knirsche und die triumphierende *Kirche* frohlocke. Die Vorderseite der Säule zeigt das Wappen des Stifters, die beiden Bleireliefs an der Süd- und Nordseite verherrlichen in allegorischer Weise das Erzstift Salzburg und den Fürsten.

Tritt man unter die mittlere Eingangsarkade des Doms, verbinden sich dessen Fassadenskulpturen und die Marienstatue optisch zum reizvollen Bild zweier Engel, die der Muttergottes eine Krone über das Haupt halten – so haben die auf der Fassade agierenden Putti eine sinnvolle ›Beschäftigung‹.

Jedes Jahr der ›Jedermann‹

Weltberühmt und stets schon lange im Voraus ausverkauft ist der ›Jedermann‹, der alljährlich vor der Kulisse des Salzburger Doms in Szene gesetzt wird. Dieses grandiose Event geht zurück auf den Regisseur **Max Reinhardt** (1873–1943). Von der bühnenhaften Architektur des Domplatzes inspiriert, inszenierte er **Hugo von Hofmannsthals** (1874–1929) ›Jedermann‹ (1911), der auf mittelalterliche Mysterienspiele zurückgeht und hier erstmals am 22. August 1920 aufgeführt wurde. Zu Beginn des Stückes sieht Gott, dass man ihn auf der Erde nicht mehr schätzt und beschließt, die Menschen durch den Tod wieder an seine Macht zu erinnern. Der reiche Jedermann baut gerade an einem Lusthaus für seine Geliebte und hat daher für den armen Nachbarn und die Familie des Schuldknechts wenig übrig. Abends beim großen Bankett hört er seinen Namen rufen und die Glocken schlagen. Als ihm der Tod leibhaftig gegenüber steht, fleht Jedermann um eine kurze Frist, da er sich einen Freund suchen möchte, der ihn auf seinem letzten Weg begleitet. Diese Suche gestaltet sich jedoch schwierig.

Max Reinhardts Inszenierung war so erfolgreich, dass sie jahrzehntelang nahezu unverändert aufgeführt wurde – unterbrochen nur durch die Zeit des Nationalsozialismus nach dem Anschluss Österreichs an das Deutsche Reich 1938. Viele bekannte Schauspieler und Regisseure erhielten Berufsverbot und mussten das Land verlassen, der ›Jedermann‹ wurde aus dem Programm genommen. Erst 1946 erfuhr das Stück in der Tradition Reinhardts seine feierliche Wiederaufführung. Neue Akzente setzte im Jahr 2002 Regisseur **Christian Stückl** mit seiner Interpretation: Der Tod tritt nun nicht mehr im Skelettkostüm auf, Doppelbesetzungen von Gott und Armem Nachbarn sowie Teufel und Gutem Gesell stellen ungewohnte Textbezüge her.

Tickets: Herbert-von-Karajan-Platz 11, Tel. (00 43) 66 28 04 55 00, www.salzburgerfestspiele.at

Großer Auftritt vor den Domtreppen: Jedermann (Peter Simonischek) zwischen Buhlschaft (Sophie von Kessel) und Tod (Ben Becker) in der Inszenierung von 2009

4 Residenzplatz

Größter der fünf unter Erzbischof Wolf Dietrich nach manieristischen Idealplänen konzipierten Plätze.

Bus 3, 5, 6, 7, 8, 20, 25, 28, 840 bis Mozartsteg

Erzbischof Wolf Dietrich von Raitenau ließ während seiner Amtszeit 1587–1612 im Sinne einer ›città ideale‹ nach Plänen des iltalienischen Architekturtheoretikers Vincenzo Scamozzi triumphale Plätze anlegen. Besonders großzügig wurde der Residenzplatz gestaltet, daneben entstanden Dom-, Mozart- und Kapitelplatz. Außerdem bezog der Erzbischof den Alten Markt in sein Konzept ein. Um die imponierenden Freiflächen rund um den Dom realisieren und der verwinkelten mittelalterlichen Stadt eine wohl strukturierte, geräumige urbane Anlage als Abbild eines geordneten Staatswesens gegenüberstellen zu können, ordnete Erzbischof Wolf Dietrich einen großflächigen Abriss an. Ganze Häuserzeilen fielen seinem Diktat zum Opfer. Heute rahmen barocke Prachtbauten wie Residenz und Neue Residenz, Michaelskirche und Dom den herrschaftlichen Residenzplatz.

Vor den Dombögen steht die markant-strenge **Bronzestatue** ›Der Kardinal‹, die der Mailänder Bildhauer Giacomo Manzù 1969 der Stadt Salzburg geschenkt hat.

Blickfang im Zentrum des Platzes ist der fulminant mit Figuren bestückte **Residenzbrunnen.** Die kühn nach oben strebende frühbarocke Komposition wurde 1656–61 im Auftrag von Erzbischof

Guidobald Thun errichtet. Sie erinnert nicht von ungefähr an Berninis Tritonenbrunnen vor dem Palazzo Barberini in Rom. Unabhängig davon hat sich der unbekannt gebliebene Bildhauer – vielleicht Tommaso di Garone – einen höchst originellen Aufbau auf vierpassförmigem Grundriss ausgedacht: Vier Wasserrösser preschen aus einem Felsberg, auf dem drei stehende Atlanten das flache Wasserbecken stützen. In diesem balancieren wiederum drei Delfine eine kleinere, muschelartig gewellte Schale, aus der ein kniender Triton das Wasser in hohem Bogen gen Himmel schleudert.

Der Residenzplatz mit seinem barocken Brunnen ist fürstliches Foyer des erzbischöflichen Amtssitzes, der Residenz

5 Residenz

TOP TIPP

Weiträumige, um drei Höfe gruppierte Palastanlage und einst Sitz der Salzburger Erzbischöfe.

Residenzplatz
Tel. 06 62/80 42 26 90
www.salzburg-burgen.at
tgl. 10–17 Uhr (letzter Einlass 16.30 Uhr)
Bus 3, 5, 6, 7, 8, 20, 25, 28, 840
bis Mozartsteg

Mit ihrer streng gegliederten Fassade präsentiert sich die Residenz äußerlich in eleganter Erhabenheit, die Innenräume dagegen schwelgen in Pracht und Prunk. Ihr heutiges Erscheinungsbild ist das Ergebnis von Neu- und Umbauten der mittelalterlichen Bischofsresidenz, mit denen *Erzbischof Wolf Dietrich* kurz vor

Römische Geschichte auf kostbaren Gobelins – im Audienzsaal der Residenz

1600 begann. Während seiner Regierungszeit konnten der Südtrakt mit dem langgestreckten Carabinierisaal und der Großen Stiege zu den Prunkräumen, der Verbindungsbau zur Franziskanerkirche sowie der Trakt an der Franziskanerkirche errichtet werden. Sein Nachfolger, *Erzbischof Markus Sittikus*, erlebte den Bau des Haupttraktes am Residenzplatz, aber erst unter *Erzbischof Paris Lodron* konnte die weitläufige Anlage, die sich um den Haupthof, den Hof des Toskanatrakts und die ›Dietrichsruh‹ gruppiert, vollendet werden. Bei der Domweihe 1628 wurden hier 13 Fürsten samt Gefolge standesgemäß untergebracht, ohne dass sich der Hausherr Erzbischof Paris Lodron hätte einschränken müssen. Nach der Fertigstellung des Doms und der Domarkaden wirkte der Haupttrakt optisch zu niedrig und wurde 1660 um ein Stockwerk sowie das Attikageschoss erhöht.

Die nüchterne **Fassade** mit dem hohen Sockel und der niedrigen Attika unter dem relativ flachen Dach ist in drei Hauptgeschosse gegliedert. Einlass in den Innenhof gewährt das verhältnismäßig kleine, von eindrucksvollen toskanischen Doppelsäulen gerahmte Marmorportal mit den Wappen der Erzbischöfe Wolf Dietrich, Paris Lodron und Franz Anton Harrach. Doch was für ein Kontrast zwischen der schmalen, dunklen Toreinfahrt und dem sich weit öff nenden **Innenhof** mit seiner kolossalen Pilasterordnung! Nicht weniger beeindruckend wirkt der *Brunnen* unter dem dreibogigen Portikus mit der riesigen Herkulesfigur, die – machtvoll und drohend ihre Keule schwingend – einen Wasserdrachen erschlägt. Vielleicht sahen sich so die Erzbischöfe im Kampf gegen den Unglauben. Errichtet wurde der Brunnen unter Erzbischof Markus Sittikus, wie die Steinbockmaske als Hinweis auf sein Wappen zeigt.

Im zweiten Hof des klassizistischen, unter dem letzten regierenden Erzbischof Hieronymus Colloredo 1788–93 entstandenen **Toskanatrakts** befand sich früher der von Wolf Dietrich angelegte Lustgarten ›Dietrichsruh‹. Daraus erhalten sind eine überlebensgroße Skulptur des *Herkules mit dem Fell des Nemeischen Löwen* (unbekannter italienischer Meister, um 1605) sowie der pilasterbesetzte Gebäudeflügel im Südwesten.

Ursprünglich wollte Colloredo Ende des 18. Jh. den gesamten Westteil im klassizistischen Stil erneuern und dabei auch das Langhaus der Franziskanerkirche abreißen, um dort ein Mausoleum für die Erzbischöfe bauen zu lassen. Glücklicherweise verhinderte seine große Sparsamkeit die vollständige Ausführung dieser Pläne.

Der sog. **Wallistrakt** wurde 1963–65 unter Wahrung der alten Form umgebaut und dabei in geglückter Weise für die Universität nutzbar gemacht. Der linke Treppenaufgang führt zu den **Prunkräumen** der ›Beletage‹, den ehem. Aufenthalts-, Repräsentations- und Wohnräumen der Fürstbischöfe. Mit der offiziellen Führung gelangt man zunächst in den zur Domseite gelegenen **Carabinierisaal**. Hier empfing Wolf Dietrich andere Würdenträger, wobei er von seiner nach italienischem Vorbild geschaffenen Leibgarde, den Carabinieri, umgeben war. Der Saal entstand um 1600 und wurde bei der Aufstockung des Haupttrakts 1665 erhöht. Die bedeutenden Deckenfresken von Johann Michael Rottmayr (1689/90) zeigen eine Allegorie der vier Elemente: Im Mittelbild versinnbildlicht ›Neptun gebietet den Winden und beschützt

Äneas' Fahrt nach Italien‹ das *Wasser*, die Seitenfresken präsentieren die *Erde* mit der ›Kalydonischen Eberjagd‹ sowie das *Feuer* mit der ›Schmiede des Vulkan‹, ›Windgötter in den vier Ecken personifizieren die *Luft*. Den Stuck schufen Francesco und Carlo Antonio Brenno.

Unter Erzbischof Franz Anton Harrach wurden 1709 Johann Bernhard Fischer von Erlach mit der Bauleitung sowie Martino Altomonte und Johann Michael Rottmayr mit der weiteren Ausmalung der Repräsentationsräume beauftragt. Die profanen Heldenerzählungen – Episoden aus dem Leben Alexanders des Großen – weisen auf Persönlichkeit und Tugenden des Erzbischofs hin. Jeweils in der Mitte befindet sich das Hauptthema auf einem an der Saaldecke angebrachten Leinwandbild, auf das an den Seiten vier kleine Deckenfelder mit Stuckreliefs überleiten. Der Deckenstuck stammt von dem Wiener Alberto Camesina (1710).

Im **Rittersaal** zeigt das Mittelbild ›Die Zähmung des Pferdes Bucephalus durch Alexander den Großen‹. Die Stuckierung der Wände erfolgte erst 1781 durch den Tiroler Peter Pflauder. Im **Konferenzzimmer** wurden im Winter auch Konzerte abgehalten. Der junge Mozart hat hier mehrmals musiziert, während im Mittelbild über ihm die ›Schlacht am Granikus‹ tobte. In der **Antecamera** ist das Szenario ›Alexander zerschlägt den Gordischen Knoten‹ zu sehen. Im **Audienzsaal** sind die Wände beinahe flächendeckend mit großartigen – noch unter Wolf Dietrich entstandenen – vermutlich Brüsseler Gobelins geschmückt, die Szenen aus der römischen Geschichte zeigen. Das Deckenbild in der Mitte stellt die ›Huldigung der Stadt Byblos an Alexander‹ dar.

Mit dem folgenden, als Arbeitszimmer dienenden **Kabinett** beginnen die fürstbischöflichen Privatgemächer. Das Mittelbild mit der Szene ›Alexander opfert im Tempel zu Jerusalem im Beisein des Hohenpriesters Jehowah‹ stammt wohl von Martino Altomonte, die kleineren Gemälde schuf J. M. Rottmayr. Auf dem Schreibtisch am Fenster wurde 1865 in Bad Gastein der Vertrag über die Aufteilung der Herzogtümer Schleswig, Holstein und Lauenburg zwischen Preußen und Österreich von Kaiser Franz Joseph I. und Bismarck unterschrieben. Im Mittelbild des **Schatullenkabinetts** (Bibliothek) – es stammt von Altomonte – huldigt die Gesandtschaft der Skythen Alexander. Der prächtige Tabernakelaltar

In der Schönen Galerie der Residenz befand sich einst die fürstbischöfliche Kunstsammlung

entstand 1720. Mit dem von J. M. Rottmayr in Öl verewigten ›Traum des jungen Alexander von seinem künftigen Weltreich‹ (1711) in der Deckenmitte des Schlafzimmers schließt der Alexanderzyklus, barocker Ausdruck überschwenglichen und selbstgefälligen Herrscherlobs. Ebenfalls von Rottmayr stammen das Kuppelfresko mit ›Gottvater‹ und das Altarbild mit der ›Madonna mit der hl. Katharina, dem hl. Josef und Johannes dem Täufer‹ in der **Kapelle,** die durch eine unauffällige Tür in der Wandverkleidung zugänglich ist.

Die **Schöne Galerie** zählt mit dem von Fischer von Erlach entworfenen prächtigen Kamin aus verschiedenfarbigem Marmor zu den Höhepunkten des Rundgangs. Blickfang auf dem Kamin ist die Gipskopie des *Jünglings vom Helenenberg*, einer antiken Bronzestatue aus dem 1. Jh. v. Chr., die 1502 auf dem Magdalensberg in Kärnten gefunden worden war. Der damalige Erzbischof Matthäus Lang von Wellenburg hatte die Figur erworben und im Goldenen Saal der Festung aufstellen lassen. 1710 erhielt sie in der Schönen Galerie einen Ehrenplatz. Seit 1806 befindet sich das Original in Wien. Überspannt wird der langgestreckte Raum von einem imposanten *Deckenfresko* Rottmayrs von 1711, das die Funktion der Galerie durch eine Allegorie der Künste und der Wissenschaften unterstreicht, die Ecken füllen Personifikationen der vier Erdteile.

Eine erhabene Eleganz verströmt der **Thronsaal** (oder Gesellschaftszimmer), der noch die edle rote Seidendamastbespannung aus der Zeit um 1775 besitzt. Die drei Ölgemälde Rottmayrs an der Decke (1689) setzen die Vorgeschichte des Trojanischen Krieges in Szene.

Noch zu dem unter Markus Sittikus erbauten Trakt gehört der **Weiße Saal**, der daher auch *Markus-Sittikus-Saal* genannt wird. Die frühklassizistische Ausstattung Erzbischof Colloredos ist allerdings über 150 Jahre jünger (Stuck von P. Pflauder, 1776).

Den 14 um 1720 entstandenen Porträts Habsburger Kaiser von Rudolf I. bis zu Karl VI. verdankt der angrenzende **Kaisersaal** seinen Namen. Eine Besonderheit ist die umlaufende Lakaienbank mit schön geschwungenem Rücken. Aus der Zeit um 1605 (Stuck von 1610) stammt der sog. *Franziskanergang*, der direkt zur Empore über dem Kapellenumgang der Franziskanerkirche führt.

Im Stockwerk über den Prunkräumen befinden sich der *Bischofssaal* und die *Residenzgalerie*.

6 Residenzgalerie

Bedeutende Gemälde des 16.–17. Jh., teilweise aus den ehemaligen fürstbischöflichen Sammlungen.

Residenzplatz 1
Tel. 06 62/840 45 10
www.residenzgalerie.at
Mitte Juli–Aug. tgl. 10–17,
sonst Di–So 10–17 Uhr
Bus 3, 5, 6, 7, 8, 20, 25, 28, 840
bis Mozartsteg

Seit Jahrhunderten hatten die Erzbischöfe Kunstwerke gesammelt. Aber erst der letzte regierende Erzbischof Hieronymus Colloredo wählte 1789 aus den in zahlreichen Schlössern und Palästen verteilten rund 1000 Gemälden einen Teil für eine **Sammlung** aus, die – ganz im Sinne der Zeit – einem breiten Publikum zugänglich gemacht werden sollte. Durch die Säkularisation wurden die Bilder im 19. Jh. in alle Winde zerstreut, die bedeutendsten – darunter Meisterwerke von Cranach, Baldung Grien und Frueauf – nach Wien gebracht. Die Residenzgalerie öffnete erneut im Jahr 1923, nachdem sie einen Teil der Gemälde hatte zurückkaufen können, wurde 1938 von den Nationalsozialisten abermals geschlossen feierte 1952 ihren Wiederbeginn.

Zusammen mit der *Sammlung Schönborn-Buchheim* (italienische Malerei des 16. und 17. Jh.) und der 1980 erworbenen *Sammlung Czernin* (holländische Malerei des 17. Jh.) gewährt das Museum heute einen weit gefächerten Überblick über die europäische Kunst zwischen Renaissance und Moderne. Vor allem die österreichische Malerei des 19. Jh. ist mit wichtigen und stimmungsvollen Werken der Romantik und des Biedermeier vertreten. Hierzu zählen bedeutende Werke von *Hans Makart* wie das 1871 entstandene ›Bildnis seiner ersten Frau Amalie‹, die als Metzgerstochter in höchste gesellschaftliche Kreise aufgestiegen war und den Betrachter mit provokantem Selbstbewusstsein mustert, oder von *Ferdinand Georg Waldmüller*, der mit seinen pausbäckigen ›Kindern im Fenster‹ (1853) im Stil des frühen Realismus besticht. Der österreichische Barock des 18. Jh. ist mit Namen wie *Paul Troger, Johann Michael Rottmayr* und *Anton Maulbertsch* vertreten, der seinen ausdrucksstarken Skizzenstil in einem bewegten ›letzten Abend-

Alltagsszenerie mit Charme: Ferdinand Georg Waldmüllers (1724–1865) ›Kinder im Fenster‹ in der Residenzgalerie

Keltisches Kunstwerk: Schnabelkanne von Dürrnberg in der Schatzkammer Archäologie und Mittelalter im Salzburg Museum

mahl‹ (1754) zum Einsatz brachte. Berühmte Künstler wie *Peter Paul Rubens* – mit einer vieldeutigen ›Allegorie auf Kaiser Karl V. als Weltenherrscher‹ (ca. 1604) – und *Rembrandt* – mit seiner betenden Mutter (um 1629/30), die er auf einer mit Blattgold grundierten Kupferplatte porträtierte – sind die Höhepunkte des flämischen und holländischen Barock.

7 Neue Residenz/ Salzburg Museum

TOP TIPP

Um 1600 von Erzbischof Wolf Dietrich für sich und seine erlauchten Gäste als Gegenstück zur Residenz erbaut, heute Sitz des Salzburg Museum und des Panorama Museum.

Mozartplatz 1
Tel. 06 62/620 80 87 00
www.salzburgmuseum.at
Di–So 9–17, Do 18 Uhr Führung zu wechselnden Themen
Bus 3, 5, 6, 7, 8, 20, 25, 28, 840 bis Mozartsteg

Die Neue Residenz des Erzbischofs Wolf Dietrich bietet dem **Salzburg Museum** einen prachtvollen Rahmen. Die barocken Innenräume verbinden sich mit der vielfältigen und aufschlussreichen Ausstellung zu einem hochinteressanten Gesamteindruck.

Erbaut wurde die Neue Residenz zwischen 1588 und Anfang des 17. Jh. Mit ihren Fassaden zum Mozart- und Residenzplatz hin weist sie eine für Salzburg *typische Architektur* auf. Der sparsam, aber edel gegliederte kubische Baublock besteht aus einem Sockelgeschoss und zwei durch horizontale Gesimse getrennte Obergeschosse. Der Turm wurde bei der Einrichtung des Glockenspiels um 1700 erhöht. Die vier um einen Hof gruppierten Flügel mit Lustgarten und Odalisken auf dem Dach des früheren Palastes wurden prachtvoll ausgestattet, das Stiegenhaus mit Stuckfiguren und -kartuschen üppig dekoriert. Für die ungewöhnliche, buntschillernde Stuckierung der Prunkräume – Saal der Tugenden, Gloriensaal, Ständesaal und Feldherrnsaal – gibt es kaum Vergleichsbeispiele. Sie wurde um 1600 von dem Italiener Elia Castello mit buntem, in der Masse gefärbtem und mit Glassplittern versetztem Gips ausgeführt. Den Bischofssaal ziert statt Stuck eine holzgeschnitzte Kassettendecke.

Man betritt den Bau durch eine gläserne Eingangshalle. Die folgende **Säulenhalle** im Erdgeschoss ist repräsentativer Rahmen für Wechselausstellungen zeitgenössischer Kunst sowie Kulturevents.

In der ersten Etage werden im Rahmen der Ausstellung **Ars Sacra** die mittelalterlichen, meist kirchlichen Kunstschätze des Museums gezeigt. Die frühesten Stücke reichen in die Zeit des hl. Rupert zurück, wie das Fragment des Rupertuskreuzes (700–750), das bei archäologischen Grabungen in Bischofshofen gefunden wurde. Jüngstes Exponat ist das rekonstruierte Kaiserdenkmal für den Dom in Speyer, das Hans Valkenauer im Auftrag von Maximilian I. 1514 begonnen, jedoch nie vollendet hatte. Besonders wertvoll ist die virtuos geschnitzte Halleiner Kreuzigungsgruppe von Veit Stoß (um 1490). Nach Themen präsentiert – z. B. unter den Titeln ›Christus‹, ›Maria‹ oder ›Heilige‹ –, stehen frühmittelalterliche neben spätgotischen Objekten, sodass stilistische Vergleiche verschiedener Zeitphasen ebenso möglich sind wie das Erkennen ikonographischer Entwicklungen.

Höhepunkt des Museumsrundgangs ist die abwechslungsreiche Dauerausstellung in der zweiten Etage, die dem

Modern multimediale Präsentation der Kunstschätze im Salzburg Museum

viel beschworenen **Mythos Salzburg** gewidmet ist. Sie beleuchtet achronologisch die Entwicklung Salzburgs von der Neuzeit bis ins 19. Jh. mit Ausblicken in die Gegenwart. Zu den bedeutenden Themen der Stadtgeschichte gehören die barocke, italienisch geprägte Residenzstadt der absolutistisch herrschenden Fürsterzbischöfe, das von Malern und Dichtern romantisch verklärte Arkadien und die verarmte Bürgerstadt des 19. Jh., die gezielt auf den Tourismus setzte, um die Wirtschaft anzukurbeln. Neben vielen unterhaltsam-informativen Videoinstalla-tionen und Filmclips sind hier auch Kunstwerke zu sehen wie der ›Tausendblumenteppich‹ *Millefiori* (nach 1519) und Carl Spitzwegs ebenso berühmter wie boshafter ›Sonntagsspaziergang‹ (1841).

Der Spiegelsaal im 2. Obergeschoss birgt die **Schatzkammer Archäologie**. Hier sind einzigartige Objekte aus der Bronze-, Kupfer- und Frühlatènezeit zu bewundern, wie etwa der nach griechi-

Salzburg als 360°-Erlebnis: Sattler-Rundbild im Panorama Museum

Vom Mozartplatz recken sich Dom, Mozartdenkmal und Michaelskirche gen Himmel

schen Vorbildern aus Bronzeblechen getriebene Kammhelm vom Pass Lueg (13.Jh.v.Chr.) und die prachtvolle keltische Schnabelkanne von Dürrnberg (5.Jh.v.Chr.). Sehenswert ist zudem das römische Acheloosmosaik (3.Jh.) mit der Darstellung zweier nackter bärtiger Männer beim Ringkampf, das 1841 bei Grabungen für das Fundament des Mozartdenkmals zutage kam.

Nur auf Anmeldung (Tel. 0662/620808722) während der Öffnungszeiten ist im dritten Geschoss der **Gottfried-Salzmann-Saal** zu besichtigen, der in wechselnder Folge Werke des 1943 in Saalfelden geborenen Aquarellisten zeigt

Sonderausstellungen zu Salzburger Künstlern und speziellen kulturhistorischen Themen finden in der **Kunsthalle** im Unterschoss statt. Sie erstreckt sich mit einer Raumhöhe von 4,5 m und einer durchgehenden Lichtdecke unter dem Innenhof der Neuen Residenz.

Durch die **Panorama Passage** im Untergeschoss, die gesäumt wird von Stadtmodellen und archäologischen Funden aus dem Umfeld der Neuen Residenz, gelangt man ins **Panorama Museum** (Residenzplatz 9, Tel. 0662/620808730, www.salzburgmuseum.at, tgl. 9–17 Uhr) mit dem berühmten *Sattler-Panorama* von 1825–29. Das Rundbild, das fast 26 x 5 m misst, zeigt Salzburg in einer 360°-Perspektive von den Türmen der Festung aus. Die Ausführung der gigantischen Stadtansicht teilten sich drei Maler: Johann Michael Sattler, von dem auch die Idee und die Vorzeichnungen stammten, übertrug die Landschaftspartien Friedrich Loos, die Staffagefiguren steuerte Johann Josef Schindler bei. Mit dem aufgerollten Rundbild, dem einzig noch erhaltenen europäischen Reisepanorama, zog Sattler zusammen mit seiner Frau und zwei Kindern 1829–39 durch ganz Europa. U.a. stellte er es in München, Wien, Prag und Berlin zur Schau, um für die Sehenswürdigkeiten Salzburgs zu werben. Damals wie heute werden neben dem Sattler-Panorama sog. **Kosmoramen** gezeigt. Die meisten der großformatigen Gemälde mit weltbekannten Motiven, die das Panorama Museum in jährlich wechselnder Folge ausstellt, schuf Hubert Sattler (1817-1904), Johann Michael Sattlers Sohn.

8 Glockenspiel

Die Faszination des barocken Glockenspiels ist ungebrochen.

Neue Residenz
www.salzburgmuseum.at
Spielzeiten: 7, 11 und 18 Uhr,
Führungen: März–Okt. Do 17.30, Fr. 10.30 Uhr
Bus 3, 5, 6, 7, 8, 20, 25, 28, 840 bis Mozartsteg

Das Salzburger Glockenspiel verdankt seine Entstehung den Gewinnen des Erzbischofs Johann Ernst Graf Thun aus seiner Beteiligung an der Ostindischen Handelskompanie: Er spendierte 1000 Speziesdukaten für das großartige Klangwerk und ließ bei dem berühmten Antwerpener Glockengießer Melchior de Haze 35 Glocken bestellen, die drei Oktaven umfassen und alle Halbtöne. Diese kamen 1696 in Salzburg an, doch dauerte

es noch sechs Jahre, bis der einheimische Hofuhrmacher Jeremias Sauter 1702 den Spielmechanismus, eine Walze mit Anschlaghämmern, zustande brachte. 51 Musikstücke gehören zum Repertoire, z. B. von Johann Michael Haydn und Leopold Mozart. Am Ende des jeweiligen Stücks ›antwortet‹ der *Salzburger Stier* [s. S. 60] von der Festung.

9 Mozartplatz

Prachtplatz zu Ehren des großen Komponisten, dem Ludwig von Schwanthaler hier ein Denkmal schuf.

Bus 3, 5, 6, 7, 8, 20, 25, 28, 840
bis Mozartsteg

Im würdigen Kontrapost steht die zeitgenössisch gekleidete Bronzefigur Mozarts mit wallend drapiertem Mantel auf einem schlichten kubischen Marmorsockel und blickt über den stets betriebsamen Mozartplatz. Bronzereliefs rund um sein Podest spielen auf das musikalische Genie und Schaffen des Komponisten an. Das klassizistische **Mozartdenkmal**, das der Münchner Bildhauer Ludwig von Schwanthaler entwarf, nimmt seit 1842 das Zentrum des Platzes ein und gab ihm seinen heutigen Namen. Als Erzbischof Wolf Dietrich von Raitenau den Platz um 1600 anlegen ließ, hieß er nach der benachbarten *Kirche* [s. u.] Michaelsplatz. An der Stelle des Mozartdenkmals stand zuvor ein Michaelbrunnen. Grabungen für die Fundamente des Denkmals förderten zudem ein *römisches Mosaik* zutage, das an die Zeit Salzburgs als römische Provinz Juvavum erinnert und im Salzburg Museum zu sehen ist.

Auf der Ostseite des Platzes erheben sich die streng gegliederten Barockfassaden von ehemals drei, heute zu einem Gebäude zusammengezogenen **Kanoni-**

kalhöfen (Mozartplatz 8–10). Hier lebten Kleriker des Salzburger Doms. Inzwischen sind die geistlichen Herren aus- und Beamte des Landes Salzburg eingezogen. Mit einem reizenden Innenhof sowie der zierlichen Fassade einer Hauskapelle aus dem 18. Jh. bezaubert das ehem. **Antretter-Haus** (Mozartplatz 4). Es war das Wohnhaus von Johann Ernst von Antretter. Dessen Sohn Cajetan war eng befreundet mit Wolfgang Amadeus Mozart, der für die Familie die ›Antretter-Serenade‹ (KV 185) komponierte. Heute befindet sich hier das Institut für Musikwissenschaft der Universität Salzburg.

Folgt man der nahen Pfeifergasse, so stößt man am Papagenoplatz auf den modernen **Papageno-Brunnen**. Die Figur aus Mozarts ›Zauberflöte‹ schuf 1960 die Salzburger Bildhauerin Hilde Heger.

Man kann auch über den **Mozartsteg** auf die andere Seite der Salzach spazieren. Zur Zeit seines Baus angefeindet wie einst der Eiffelturm in Paris, fügt sich die zart-filigrane Brückenkonstruktion von 1903 für den heutigen Betrachter überaus glücklich in die Flusslandschaft.

10 Kaigasse

Strenge Fassaden der Kanonikalhöfe.

Bus 3, 5, 6, 7, 8, 20, 25, 28, 840
bis Mozartsteg

Der **Name** der Straße hat nicht etwa mit einem Uferkai zu tun, sondern hängt mit G'hai zusammen, dem alten Uferschutz der Salzach aus Strauch- und Flechtwerk, das wie ›Hai‹ ausgesprochen wird. Um 1600 wurden hier die Kanonikalhöfe als Wohnsitze für die Angehörigen des Domkapitels errichtet.

Wo heute irische Klänge aus dem Pub **Dubliner** (Nr. 8, www.dubliner.at) dringen, befand sich einst das Wirtshaus ›Zum weißen Ross‹. Hier verfasste der Arzt und Astrologe *Paracelsus* (*1493) am 21. September 1541, drei Tage vor seinem frühen Tod, sein Testament. Etwas weiter residiert Salzburgs Finanzamt (Nr. 12) im repräsentativen **Liechtensteinschen Kanonikalhof** aus dem frühen 17. Jh. In seinem Innenhof steht der *Trakl-Brunnen* von Toni Schneider-Manzell (1957). Die männliche Aktfigur aus Bronze heißt im Volksmund – in Anspielung auf die hier ansässige Behörde – auch ›Der unbekannte Steuerzahler‹.

Im ehem. **Rentmeisterstöckl**, Haus Nr. 16, versteckt sich ein besonders schöner Arkadenhof aus dem frühen 16. Jh. Bald darauf kommt man am **Neuen Mozartkino** (Nr. 33, www.mozartkino.at) vorbei. Hier lässt sich der Filmgenuss mit einem Blick in die römische Vergangenheit Salzburgs verbinden: In einem der zwei Säle, dem Römersaal, sind die Mauerreste eines römischen Tempels an der Seitenwand zu erkennen.

11 Michaelskirche

Auffällig-unauffälliges Kirchlein inmitten der strengen Großartigkeit des Mozartplatzes.

Residenzplatz
Bus 3, 5, 6, 7, 8, 20, 25, 28, 840
bis Mozartsteg

Durch ihren Standort Bindeglied zwischen Residenz-, Mozart- und Waagplatz ist die zierliche, hellrot getünchte Michaelskirche mit ihrem barock geschwungenem Dach und Turm zugleich auch Blick-

fang unter den einheitlich gegleiderten strengen Barockfassaden rundum. Sie entstand 1767–76 unter Abt Beda Seeauer als Neubau an der Stelle einer Emporenkirche, der eine um 800 erstmals erwähnte Pfalzkapelle der Herzogsburg vorausging, die bis zum Bau der Franziskanerkirche auch den Bürgern als Stadtpfarrkirche zur Verfügung stand und 1167 zerstört wurde.

Für die **Ausstattung** der dem Erzengel Michael geweihten, kapellenartigen Saalkirche arbeiteten die gleichen Künstler wie in der Stiftskirche St. Peter. Den Stuck schuf Benedikt Zöpf 1769, die Deckenfresken mit ›Marienkrönung‹ und der von einem Engelchor begleiteten ›Verehrung Gottes durch den Erzengel Michael‹ malte Franz Nikolaus Streicher. Von Franz Xaver König stammen die Seitenaltarbilder mit der ›Verkündigung durch den Erzengel Gabriel‹ (links) und dem ›Erzengel Raffael mit Tobias‹ (rechts), während das Hochaltarbild mit dem ›Sturz des Erzengels Michael‹ wohl schon um 1650 von Tobias Bock geschaffen wurde. Philipp Hinterseer schmiedete das überaus kunstvolle Abschlussgitter (1770).

12 Waagplatz

Im Mittelalter Hauptmarkt mit Waaghaus.

Bus 3, 5, 6, 7, 8, 20, 25, 28, 840 bis Mozartsteg

Der kleine, unregelmäßig geformte **Platz** steht in denkbar krassem Gegensatz zu den von Erzbischof Wolf Dietrich konzipierten monumentalen Platzanlagen. Er war nicht Bühne vornehmer Repräsentation, sondern Forum des pulsierenden Alltagslebens. Alles ist klein und heimelig. Hier stand ehemals die Schranne – der Getreidespeicher – und bis 1407 das Gerichtshaus mit Pranger und Galgen. Bis zur Stadterweiterung um 1300 wurde hier auch der Hauptmarkt abgehalten. Heute

Im frühen Mittelalter war er der Hauptmarkt und das eigentliche Zentrum der Stadt, heute ist der Waagplatz lauschiger Treffpunkt

prägen Straßencafés und ein reges Treiben die Szenerie.

Haus Nr. 1 stellt mit dem Ladengeschoss und dem geraden Dachabschluss, in den eine Hohlkehle elegant überleitet, ein typisches Beispiel Salzburger Bauart dar. Darin befanden sich früher die Ratsstube und die alte Stadtwaage, aus der sich die Stadttrinkstube und einer der ersten Salzburger Gasthöfe entwickelten. Das Haus, 1635 nach einem Brand wieder aufgebaut, blieb bis ins 19. Jh. Mittelpunkt des geselligen Lebens der Stadt.

13 Romanischer Keller

Rest der kaiserlichen Pfalz, 1167 errichtet – heute Ausstellungsraum.

Waagplatz 4
Tel. 06 62/804 60
www.hyposalzburg.at
Bus 3, 5, 6, 7, 8, 20, 25, 28, 840
bis Mozartsteg

Eine besondere Lokalität ist die Adresse Waagplatz 4, die seit 1919 Sitz der Salzburger Hypo Bank ist. Hier stand vermutlich einst der *Palas* einer Kaiserpfalz aus dem 12. Jh., die unter Kaiser Friedrich Barbarossa entstand. Ursprünglich führte eine Verbindung vom ersten Geschoss direkt auf die Empore der ehem. Pfalzkapelle St. Michael. Erhalten ist der imposante romanische Keller mit seinen wuchtigen Säulen und Kapitellen. Das eindrucksvolle Gewölbe ist heute spannungsreicher Rahmen für Wechselausstellungen zeitgenössischer Kunst und kulturelle Veranstaltungen.

14 Trakl-Haus

Erinnerungsstücke von Georg Trakl im Geburtshaus des Dichters.

Waagplatz 1 a
Tel. 06 62/84 53 46
www.kulturvereinigung.org
Mo–Fr 14 Uhr, nur mit Führung
Bus 3, 5, 6, 7, 8, 20, 25, 28, 840
bis Mozartsteg

Im sog. *Schaffner-Haus* wurde Georg Trakl am 3. Februar 1887 als Sohn des angesehenen Eisenwarenhändlers Tobias Trakl und seiner dem Schöngeistigen zugewandten Frau Maria geboren. Während seines Pharmaziestudiums in Wien begann er, Gedichte zu veröffentlichen. Sie waren von Anfang an von einer düsteren Grundstimmung geprägt, drückten Verzweiflung und Schuldgefühle aus. Zwischen Unverständnis, Depressionen, allzu kleinen Erfolgen und grauenhaften Erlebnissen als Sanitätsoffizier im Ersten Weltkrieg zerrieben, verfiel Georg Trakl den Drogen und starb schon im Alter von 27 Jahren nach einer Überdosis Kokain an einer Herzlähmung. Zu sehen sind Handschriften und persönliche Dokumente des Dichters aus der ehem. Wohnung der Familie sowie eine Tonbildschau.

Die **Galerie im Traklhaus** ergänzt die Sammlung über den Dichter mit Wechselausstellungen zeitgenössischer Kunst.

Spannender Kontrast: Romanischer Keller als Rahmen für zeitgenössische Kunst, etwa einer Ausstellung von Eva Moosbruggers farbigen Glasskulpturen

Markanter Blickpunkt im Stadtbild: die Franziskanerkirche (rechts) vor dem Untersberg

15 Franziskanerkirche zu Unserer Lieben Frau

TOP TIPP

Das stilgeschichtlich interessanteste Gebäude Salzburgs und neben Dom und Stift St. Peter das dritte geistliche Zentrum der Stadt.

Sigmund-Haffner-Gasse
Tel. 06 62/84 36 29
www.franziskaner.at/salzburg.html
Mo–Sa 6.30–19.30, So 7.30–19.30 Uhr
Bus 3, 5, 6, 8, 20, 25, 28, 840 bis Rathaus

Der laut Überlieferung schon im 8. Jh. der Muttergottes geweihte Vorgängerbau fiel 1167 den von Kaiser Friedrich I. Barbarossa veranlassten Brandschatzungen zum Opfer. Anfang des 13. Jh. wurde die Kirche neu aufgebaut und 1223 geweiht. Ab 1408 entstand der damals hochmoderne, kühne Hallenchor, das spätgotische Meisterwerk des Hans von Burghausen und seines Schülers Stephan Krumenauer (Altarweihen 1452, Chorweihe 1460), der nach einem Nürnberger Entwurf konzipierte Turm kam 1486–98 hinzu. 1670 kürzte Erzbischof Max Gandolf jedoch den gotischen Turmhelm, damit er die Domtürme nicht überrage. Im 19. Jh. setzte man neugotische Helme auf.

Romanischer Löwe vom Kanzelfuß der Franziskanerkirche, um 1220

Man betritt die altehrwürdige Kirche durch das ursprünglich romanische, um 1700 jedoch wie die Fassade barockisierte **Westportal** mit modernen Bronzereliefs von Toni Schneider-Manzell (1956) an der Sigmund-Haffner-Gasse. Im dunklen **Langhaus** wird der Blick des Kirchenbesuchers fast magisch vom lichtdurchfluteten, dreischiffigen Hallenchor mit seinen schlanken, hoch aufragenden Säulen angezogen. Das romanische Langhaus zeigt an seinen stämmigen Säulen im Mittelschiff Kelchblatt- und an den Vorlagen der Seitenschiffe Blattkapitelle. In seinen gedrungenen und schweren Formen im gebundenen System steht es in größtem nur denkbaren Gegensatz zum hohen und fast immateriell wirkenden **Hallenchor** des Hans von Burghausen. Verschiedene architektonische Grundkonzepte stoßen hier spannungsvoll aufeinander. Der Kontrast von geducktem, dunklem Langhaus und breitem, hohem und lichtem, als Zentralraum konzipiertem Chor war vom Baumeister bewusst angelegt. Verstärkt wurde er aber – unbeabsichtigt vom Architekten – dadurch, dass 1450 und 1592 nachträglich Oratorien über den Seitenschiffen eingebaut wurden, die das Langhaus zusätzlich verdunkeln. Der von Erzbischof Colloredo 1787 gefasste Plan, das Langhaus abzubrechen und dort eine »Rotunde nach römischer Art zu maskieren«, scheiterte glücklicherweise aus finanziellen Gründen.

Geradezu als eigenständige Architektur wirkt der 1709 entstandene **Hochaltar** von *Johann Bernhard Fischer von Erlach*. Auf verblüffende Weise harmonisiert die hochbarocke Form des von Doppelsäulen flankierten Altars mit den spätgotischen Formen des Chores. Gerahmt von den Schreinwächtern Georg und Florian (Simeon Fries), erstrahlt das spätgotische *Gnadenbild* der Muttergottes in der Gloriole von Michael Pacher (das Jesuskind – eine spätere Zutat – von Josef Piger, 1890). Während Chor und Langhaus stilistisch stark kontrastieren, sind hier Gotik und Barock harmonisch verschmolzen. Neben einigen Altartafeln in der Österreichischen Galerie in Wien sowie dem erst 1983 wieder entdeckten Köpfchen des Jesuskindes ist die Madonna einzig erhaltener Rest des Vorgängeraltares. An diesem Hauptwerk arbeitete der Südtiroler Meister Michael Pacher in Salzburg von 1484 bis zu seinem Tod im Jahr 1498.

Das kunstreiche Eisengitter schmiedete Thomas Reckeisen 1780. Reste gotischer Fresken, vielleicht aus der Werkstatt von Konrad Laib, befinden sich am **Chorbogen**: ein *Schmerzensmann* links über einer während des Umbaus 1446 eingerichteten Sakramentsnische, eine *Maria mit Heiligen* und eine *Ölbergszene* auf der rechten Seite (1447 datiert).

Der erst nachträglich eingebaute **Kapellenkranz** in den Nischen zwischen den Wandpfeilern des Chores stört zwar die Harmonie der kühn nach oben strebenden Raumstruktur, ist jedoch mit seiner ungewöhnlich vielfältigen Stuckdekoration ein anschauliches Beispiel der Ornamententwicklung vom Manierismus bis zum Hochbarock. Dabei liegt allen Kapellengestaltungen und Stuckierungen das gleiche Dekorationssystem zugrunde, ausgeführt wurde es jedoch im jeweiligen Zeitstil: Links beginnend betritt man zunächst die 1614 von Erzbischof Markus Sittikus geweihte *Karl-Borromäus-Kapelle*, die anschließende *Geburt-Christi-Kapelle* mit einem Altarbild von Francesco Vanni wurde 1610 von Erzbischof Wolf Dietrich gestiftet. Im Pestjahr 1625 stiftete die Stadt die benachbarte *Rochus-Kapelle*, die *Heilig-Kreuz-Kapelle* daneben entstand 1670. Ein Marmoraltar von Hans Aßlinger (1561) aus dem alten Dom sowie ein Gemälde von Wilhelm Faistenberger (1670) zieren die folgende *Dreifaltigkeitskapelle* (Stuckierung um 1700). Das Gemälde der 1704 gestifteten *Josephs-Kapelle* wird Johann Friedrich Pereth zugeschrieben. In weiterer Folge liegen die um 1700 gestiftete

Sebastians-Kapelle mit einem Francesco da Siena zugeschriebenen Gemälde sowie die 1680 von Paolo Brenno stuckierte *Anna-Kapelle*, Grabkapelle Kuenburg mit einem Gemälde von Christoph Lederwasch. Den Abschluss des Rundgangs um den Kapellenkranz bildet die *Franziskus-Kapelle*, die 1693 mit Stuck von Ottavio Mosto und einem Gemälde von Johann Michael Rottmayr als Grabkapelle der Familie Thun entstand. Die Altäre in den Seitenschiffen des Langhauses stammen aus dem späten 19. Jh., ebenso die neoromanische Front der Empore.

Das romanische **Südportal** aus der Entstehungszeit der Kirche mit unterschied-

Spätgotischer Kapellenreigen und barocker Hochaltar im Hallenchor der Franziskanerkirche

lichen Kapitellformen links und rechts zeigt im Tympanonrelief Christus zwischen Petrus und dem Lokalpatron Rupert. Die Übersetzung der lateinischen Inschrift darunter lautet: »Lenke, o Hirte, die Herde, die liebend du hegst. Ruperts Verdienst stimme dich sanft. Wie dieses Kunstwerk außen glanzvoll erstrahlt, so schmücke im Innern Gott das gereinigte Herz.«

Der einfache **Grabstein des hl. Virgil** aus rotem Untersberger Marmor ist in die Westwand des Südschiffes eingemauert. Er stammt vom beschädigten Hochgrab des verehrten Heiligen aus dem abgerissenen Vorgängerdom. Zur Domweihe 1628 wurden immerhin die Gebeine seines Erbauers wieder dorthin überführt. Die Umschrift auf der in der Franziskanerkirche verbliebenen Platte lautet: »Im Jahre des Herrn 1315 am 26. September hat Erzbischof Wichard von Salzburg hier den Leib des hl. Virgil beigesetzt.«

Ein Schwibbogen verbindet das **Franziskanerkloster** (an der Franziskanergasse gegenüber dem Langhaus) mit der Kirche. Über dem ehem. Hauptportal befindet sich ein Marmorrelief mit der Darstellung des hl. Franz von Assisi aus dem Jahre 1605, im Kloster sind eine Steingussmadonna vom Typ der ›Schönen Madonna‹ (um 1410), mehrere Gemälde von Johann Michael Rottmayr und als besondere Kostbarkeit der eigenhändige Entwurf Fischers von Erlach für den Hochaltar der Franziskanerkirche zu bewundern.

16 Erzabtei St. Peter

Eine der ältesten Klosteranlagen nördlich der Alpen.

St. Peter-Bezirk 1,
Eingang Franziskanergasse
Tel. 06 62/84 45 76 87
www.stift-stpeter.at
Bus 3, 5, 6, 7, 8, 20, 25, 28, 840
bis Mozartsteg

Im Schatten des Mönchsbergs gründete der hl. Rupert Ende des 7. Jh. ein **Kloster**. Seine erste Blüte erlebte es zur Zeit des Abtbischofs Virgil aus Irland im 8. Jh. Von hier aus wurden Österreich und Westungarn missioniert. Nach Aufhebung der Personalunion von Abt und Erzbischof, also nach der Trennung von Klosterkirche und Dom, übernahm St. Peter vor allem Aufgaben in Kunst und Wissenschaft. Von seiner künstlerischen Blüte zeugen die Werke der Mal- und Schreibschule aus dem 12. Jh. 1926 wurde das Benediktinerkloster zur Erzabtei erhoben.

Weitläufig erstreckt sich der **Klosterbezirk** vom Kleinen Festspielhaus bis zum Kapitelplatz und vom Mönchsbergfelsen bis zur Franziskanerkirche. Der Hauptzugang zu der um drei Höfe gruppierten, in über 1000 Jahren entstandenen Klosteranlage befindet sich in der Franziskanergasse.

In die architektonischen Umgestaltungen der Stadt im frühen 17. Jh. wurde auch das Stift mit einbezogen. Aus dieser Zeit stammt das unter Erzbischof Wolf Dietrich um den Äußeren Stiftshof er-

Unter dem Schutz des hl. Petrus steht der beschauliche Stiftshof der Erzabtei St. Peter

baute *Geviert des Stiftsgebäudes*. Sein Rokokoschmuck entstand erst während der nächsten Barockisierungswelle in der zweiten Hälfte des 18. Jh.

Die baumbestandene Platzmitte ziert der sechseckige **Petrusbrunnen**, ursprünglich ein Fischkalter, 1673 von dem aus den Niederlanden zugewanderten Bartholomäus van Opstal geschaffen. Von dort führen zwei niedrige Durchgänge zum anschließenden *Klosterhof*, in dessen Platzgestaltung die schroffe Felswand des Mönchsberges eindrucksvoll einbezogen wurde. Vor dieser Kulisse genießen die sommerlichen **5-Uhr-Konzerte** (www.5-Uhr-Konzerte.com, Juli–Sept. Do–Di 17–17.45 Uhr) große Beliebtheit, wenn internationale Künstler auf Originalinstrumenten Werke aus der großen Tradition Salzburgs erklingen lassen. Dem musikalischen Erbe der Stadt widmet sich auch das charmante **Michael Haydn Museum** (Tel. 0662/84457619, www.michaelhaydn.com, Mitte Mai–Sept. Di–Sa 13–17 Uhr) im Stiftshof. Eine Vielzahl authentischer Dokumente, Notenblätter, eine Klangdusche und eine Hörstation geben eine umfassenden Überblick über das Werk des Komponisten Johann Michael Haydn (1737–1806), der als Hofkonzertmeister in Salzburg großes Ansehen genoss und in dieser Zeit 37 Messen, 43 Symphonien sowie 19 Opern und Oratorien verfasste.

Das **Kolleg St. Benedikt** wurde 1925/26 nach Entwürfen von Peter Behrens, einem bedeutenden Vertreter des Neuen Bauens, errichtet. Die *Fassadenfresken*

stammen von Anton Faistauer (1925) und stellen den *Gnadenstuhl* sowie das *Gnadenbild von Maria Plain* dar. Die Wallfahrtskirche [Nr. 94] untersteht seit 1810 der Obhut von St. Peter. Die Eingangshalle des Kollegs schmückt ein expressionistisches Kruzifix von Jakob Adlhart aus dem Jahr 1925.

Der **Rupertusbrunnen** in der Mitte des Hofes, ein alter Schöpfbrunnen, wurde in seiner heutige Form 1927 gestaltet. Die *frühbarocke Statue* von 1627 stellte ursprünglich den hl. Virgil dar. Da man jedoch einen hl. Rupert benötigte, tauschte man das Attribut des hl. Virgil, den Dom, durch das Salzfass des hl. Rupert aus. Das Becken stammt aus dem Jahre 1694, der Sockel von 1926.

Eine rau bossierte Durchfahrt führt zum Festspielbezirk. Der dritte Stiftshof, in Domnähe, unterliegt der Klausur und ist nicht zugänglich. Vom Mönchsberg oder der Festung aus lässt sich seine üppig begrünte *Gartenanlage* bewundern.

17 Stiftskirche St. Peter

Top Tipp

Die strenge Kirche aus romanischer Zeit erstrahlt im Inneren in heiterem Spätbarock.

St. Peter-Bezirk 1,
Tel. 06 62/84 45 76 87
www.stift-stpeter.at
April–Okt. 8–21, Nov.–März 8–19 Uhr
Bus 3, 5, 6, 7, 8, 20, 25, 28, 840
bis Mozartsteg

Wie die bei Grabungen ans Licht gekommenen Reste eines römischen Hauses und eines Mosaikfußbodens beweisen, lebte und baute man hier schon in römischer Zeit. Im 7. Jh. wurde unter dem hl. Rupert eine vorromanische Kirche errichtet, die allerdings 1127 zerstört wurde. Der hochromanische, 1130–43 entstandene Nachfolgebau zeigt ein schlichtes Äußeres aus Nagelfluh. Auch der im Kern aus dem 9. Jh. stammende, erst um 1250 vollendete Turm und die Vorhalle halten sich an die romanische Stilform. Während der ersten Barockisierung 1605–25 erhielt der Chor einen flachen Abschluss und das Mittelschiff wurde erhöht und eingewölbt. 1622 begann man mit dem Bau der Kuppel.

Für das heutige Erscheinungsbild entscheidender war allerdings die zweite Barockisierung durch Abt Beda Seeauer (1753–85). Er ließ 1757 den Turm erhöhen und mit einem neuen Helm versehen. Das romanische Innere wurde vollständig mit spätbarockem Stuck und Fresken ›überzogen‹. Bei der Restaurierung 1957 legte man die romanischen Fresken teilweise wieder frei.

Das **Atrium**, flankiert von der Heiliggeistkapelle (rechts, 1244) und der Wolfgangskapelle (links, 1424), stammt noch aus der Entstehungszeit Mitte des 13. Jh. Durch die hölzernen Rokokotüren des spätromanischen **Hauptportals** (um 1240) betritt man die Kirche. Im Tympanon thront Christus, flankiert von Petrus und Paulus, umfasst von einer lateinischen Inschrift (Übersetzung: »Ich bin die Pforte des Lebens, kommet alle ihr Heilsbedürftigen, geht durch mich ein. Es führt kein anderer Weg zum Leben«).

Im **Inneren** finden wir eine Basilika mit hohen Mittelschiffwänden, die im Westen – also zum Eingang hin – auf Pfeilern und Säulen im sächsischen Stützenwechsel (Pfeiler – Säule – Säule – Pfeiler) ruhen. Bei der vierten Säule nördlich wurde die originale romanische Marmorierung freigelegt. Der *Rocaillestuck* des späten Rokoko (Benedikt Zöpf, ab 1753) überspielt in lebendigem Formenspiel die romanische Unterteilung der Decke und die Würfelkapitelle. Die spätbarocken *Deckenfresken* zeigen Szenen aus dem Leben des Kirchenpatrons von Franz Xaver König (1757). Ungewöhnlich ist die Verwandlung der Hochschiffwände in eine **Bildergalerie**. Wie die Deckenfresken stammen alle 20 Ölbilder in der oberen Reihe von König (ab 1757). Sie stellen auf der linken Seite Szenen aus dem Leben des hl. Rupert, auf der rechten des hl. Benedikt dar. Die großen Bilder darunter entstanden früher: links ist eine ›Kreuzerhöhung‹ von Ignazio Solari (1632) und rechts eine ›Kreuztragung‹ aus dem alten Dom von Kaspar Memberger (1591) zu bewundern. Der Mondseer Laienbruder Thiemo Sing malte daneben die beiden quadratischen Bilder mit den Szenen ›Der hl. Bernhard segnet den König Totila‹ und ›Der hl. Rupert zeigt dem Baiernherzog Theodo das Stift St. Peter‹ (1660).

Fast alle **Altarbilder** sind Werke des *Martin Johann Schmidt* aus Krems, genannt Kremserschmidt, und seiner Helfer, die 1775–86 ungefähr 30 Ölbilder mit typischem Hell-Dunkel-Kontrast für das Stift geschaffen haben. Das Hochaltarbild mit den Heiligen Petrus, Paulus und Benedikt vor Maria schuf er 1778. Der Altaraufbau mit den Figuren der Heiligen Virgil, Ru-

Wie in einer Bildergalerie – im Inneren der Stiftskirche St. Peter

pert, Vitalis und Amandus von Franz Hitzl stammt von Lorenz Hörmbler (1777–83), das um 1780 umgestaltete Tabernakel von Hans Waldburger (1625).

Graziös und majestätisch steht die *Schöne Madonna* (um 1420) aus Steinguss in barocker Fassung in einer Nische am Maria-Säul-Altar im nördlichen Querschiff. Die Steingusstechnik bringt die schwingenden, biegsamen Formen des ›Weichen Stils‹ besonders gut zur Geltung.

Mit der reich reliefierten *Grabplatte des hl. Vitalis* aus rotem Adneter Marmor von 1497 im südlichen Querhausarm besitzt Salzburg eines der bedeutendsten Werke der spätgotischen Steinplastik.

Im nördlichen Seitenschiff befindet sich das *Felsengrab‹ des hl. Rupert‹* von 1444 mit einem Altarbild und -aufbau von 1741.

Elegante Erscheinung: die ›Schöne Madonna‹ (um 1420) in der Stiftskirche St. Peter

Dafür, dass er wirklich hier bestattet ist, gibt es allerdings keinen Nachweis.

In der Kapelle gegenüber (3. Seitenkapelle) sind das *Epitaph für Michael Haydn* von Anton Högler aus dem Jahr 1821 und die Grabtafel für Mozarts Schwester Nannerl, die spätere Marianne von Berchtold zu Sonnenburg, zu sehen. Zwei Kapellen weiter, in der ersten südlichen Seitenkapelle, befindet sich das Tumbengrab von Johann Werner von Raitenau (gest. 1593), Vater von Erzbischof Wolf Dietrich, der den prachtvollen Bronzeleuchter stiftete. Das kunstvolle Abschlussgitter schuf der Hofschlossermeister Philipp Hinterseer (1768).

Nördlich der Kirche liegt der **Kreuzgang**. Sein Westflügel stammt aus dem späten 12., der Rest aus dem 17. Jh. Wunderschön ist das *Brunnenhaus* mit achteckigen Stützen (Ende 12. Jh.). Der *Kapitelsaal* stammt aus der ersten Hälfte des 14. Jh. Der Chor der *Marienkapelle* von 1313 (umgebaut im späten 15. Jh.) zeigt die ersten gotischen Architekturformen im Erzstift Salzburg. Auf dem Altar steht eine frühe, französisch beeinflusste gotische Marienfigur aus Sandstein (um 1319).

18 Petersfriedhof

TOP TIPP

Einer der schönsten Friedhöfe der Welt und in den Mönchsberg gehauene Katakomben frühchristlichen Ursprungs.

St. Peter-Bezirk
Tel. 06 62/84 45 76 87
www.stift-stpeter.at
April–Sept. tgl. 6.30–19, Okt.–März tgl. 6.30–18 Uhr,
Katakomben: Mai–Sept. Di–So 10.30-17, Okt.–April Mi–So 10.30-16 Uhr
Bus 3, 5, 6, 7, 8, 10, 25, 26 bis Mozartsteg

Romantisch im Schatten des Mönchsberges gelegen und umgeben von schützenden Arkadenbögen reihen sich schmiedeeiserne Grabkreuze, kunstvolle Grabmäler, Statuen und zahlreiche vornehm ausgestattete Gruften. Seit Mitte des 15. Jh. sind auf diesem stimmungsvollen Gottesacker auch klangvolle Namen des Salzburger Bürgertums zu finden, ursprünglich war der **Petersfriedhof** jedoch den Benediktinern der Erzabtei St. Peter als letzte Ruhestätte vorbehalten.

Der Petersfriedhof liegt stimmungsvoll am Fuße des Mönchsbergs

Insgesamt sieben Kapellen sind über das Friedhofsgelände verteilt und lohnen eine genauere Betrachtung. Die historisch bedeutendste ist die **Kreuzkapelle**, an deren Stelle der hl. Rupert die erste Stiftskirche errichtet haben soll. Sie liegt neben dem Eingang zu den Katakomben. 1170 wurde sie als Grabkapelle errichtet. Dompropst Anton Graf Lodron ließ sie 1614 zur Familiengruft umbauen. Von hier führt eine Treppe in die **Ägidiuskapelle**, der Überlieferung nach die Gebetshöhle des hl. Rupertus.

Die sieben Kreuze unterhalb des Eingangs zu den Katakomben werden zu Unrecht mit einem ›Salzburger Blaubart‹ in Verbindung gebracht. Sie bezeichnen die Begräbnisstätte der Maurer- und Steinmetzfamilie Stumpfegger.

An das südliche Querhaus von St. Peter ist die von Herzog Leopold VI. von Österreich gestiftete romanische **Katharinen-** oder **Mariazellerkapelle** angebaut (geweiht 1227). Die klassizistische Innendekoration mit Stuck und Spiegel schuf Peter Pflauder (1792), der Altar ist eine Nachbildung von 1733 nach Fischer von Erlachs Hochaltar für Mariazell in der Steiermark.

Die in zarten spätgotischen Formen geschaffene **Margarethenkapelle** mitten im Friedhof entstand 1485–91. Gotische Grabsteine schmücken die Aussenwände. Der Hochaltar im Inneren wurde 1864 aus alten Stücken zusammengesetzt.

Ein Höhepunkt der Friedhofsbesichtigung sind die in den Fels des Mönchsberges geschlagenen **Katakomben**, deren Entstehung auf das 3. und 4. Jh. zurückgeht. Angeblich fand in diesen steineren Gängen und Hallen der hl. Rupert mit seinen christlichen Anhängern Unterschlupf, sodass sich hier der eigentliche Ursprung des heutigen Salzburg befindet. Die den Friedhof rahmenden Arkaden stammen aus dem Jahr 1627. Im Rahmen einer Katakombenführung betritt man zuerst die *Kommunigruft* mit den Gräbern von Michael Haydn und Nannerl, der Schwester Mozarts. Die Terrakotta-Ausstattung aus dem 19. Jh. kopiert römische Vorbilder. Höher und größtenteils im Felsen versteckt liegt die 1178 dem 18 Jahre zuvor ermordeten hl. Thomas Becket geweihte **Gertrauden-**

In eleganter Festtagspracht aufgetischt wird im Barocksaal des Stiftskellers St. Peter

kapelle, die im 19. Jh. historisierend restauriert wurde. Danach folgt die **Maximuskapelle** mit dem Märtyrergrab des Heiligen, das früher als Opferaltar diente.

Auf dem Rückweg zum Kapitelplatz lockt rechts am Eingang zum Petersfriedhof die seit dem 12. Jh. bestehende **Stiftsbäckerei** (Kapitelplatz 8, Tel. 06 62/ 84 78 98 www.stiftsbaeckerei.at, Mo/Di, Do/Fr 7–17.30, Sa 7–13 Uhr; Jan./Feb. auch Mo geschl.) als älteste Bäckerei der Stadt u. a. mit frischem Holzofenbrot aus reinem Natursauerteig.

19 Stiftskeller St. Peter

TOP TIPP

Bereits von Alkuin, dem Hofliteraten Karls des Großen, im Jahre 803 bedichteter Weinkeller in der Südostecke des Klosterhofes.

St. Peter-Bezirk 1/4
Tel. 06 62/841 26 80
www.stpeter-stiftskeller.at
tgl. 11.30–24 Uhr
Bus 3, 5, 6, 7, 8, 20, 25, 28, 840
bis Mozartsteg

Die vermutlich älteste Gaststätte Salzburgs geht auf den Weinkeller der Salzburger Bischöfe zurück und konnte zu Alkuins Zeiten sogar mit einer ansehnlichen Bibliothek aufwarten. Schon seit 803 lockt dieser Ort Gäste an, die sich an deftiger Hausmannskost und einem guten Tropfen laben wollen. Im Obergeschoss fand der Komponist Michael Haydn um 1760 vorübergehend Quartier und ersann lobreiche Lieder auf den süffigen Peterwein (heute Prälatenwein). Der ehrwürdigen Tradition verpflichtet ist auch die heutige Ausstattung des Stiftskellers: holzgetäfelte Gemütlichkeit

oder ehrwürdige Gewölbe wie in *Bürger-* und *Richardstube* im Erdgeschoss, prunkvoller Stuck und elegante Strenge im *Barocksaal* oder *Haydn-Zimmer* im Obergeschoss und Arkadenromantik unter Schatten spendenden Bäumen im *Innenhof*. Das festliche Ambiente bietet den idealen Rahmen für regelmäßige kleine Konzerte, z.B. das Mozart Dinner Concert bei Kerzenlicht.

20 Kapitelplatz

Hier und in den Palästen der anschließenden Gassen residierte bis zur Auflösung des Erzstiftes im Jahre 1803 der hohe Klerus.

Bus 3, 5, 6, 7, 8, 20, 25, 28, 840 bis Mozartsteg

Der unregelmäßige Platz vor der Südflanke des Doms wird im Osten von Dompropstei und Erzbischöflichem Palais begrenzt, im Süden durch das ehem. Granarium und die Mühle des Domkapitels, im Westen vom Noviziatstrakt von St. Peter. Hier beginnt das Viertel der Domherren, deren Stadtresidenzen sich vor allem in der eindrucksvollen, von Erzbischof Wolf Dietrich von Raitenau um 1600 konzipierten Kapitelgasse, der Kaigasse und der Chiemseegasse hoheitsvoll aneinanderreihen.

Prachtvoller Blickpunkt des nüchtern-eleganten Platzes, an dessen Stelle sich früher das Domkloster befand, ist die **Kapitelschwemme**, eine nach dem Vorbild römischer Brunnenanlagen von Franz Anton Danreiter 1732 entworfene Pferdeschwemme. Zwar befand sich hier schon seit dem Mittelalter ein ›Rosstümpel‹, allerdings lag dieser von allen Seiten zugänglich in der Mitte des Platzes. Nach der Inschrift im Gebälk der Architektur-

Guter Treffpunkt: der von der Brunnenanlage der Kapitelschwemme geprägte Kapitelplatz

Goldglänzender Blickfang des Kapitelplatzes: Stephan Balkenhol schuf die Skulptur ›Sphaera‹ für das Kunstprojekt Salzburg 2007

schauwand ließ 1732 Erzbischof Leopold Freiherr von Firmian die jetzige, an die Südseite des Platzes gerückte Brunnenanlage errichten. Der Zugang für die Pferde zum elegant geschwungenen und von einer steinernen Balustrade eingefassten Wasserbassin führt direkt auf die barock-bewegte *Skulpturengruppe* (J. A. Pfaffinger) zu. Von brausenden Winden umtobt, scheint Neptun mit Dreizack und wehendem Mantel auf einem sich wild bäumenden Meerross aus dem Dunkel der Nische zu fahren. Der Beherrscher des Wassers und Gebieter über die Pferde dient hier nicht nur als Dekoration der Pferdeschwemme, sondern die kraftvoll-dominante Figur verweist auch auf die ›ordnungstiftende Macht des Fürsten‹.

Seit Juli 2007 schmückt den Kapitelplatz zudem die riesige Bronzeskulptur **›Sphaera‹** des deutschen Bildhauers Stephan Balkenhol, die hier im Rahmen der Kunstprojekte Salzburg aufgestellt wurde In rund 9 m Höhe steht auf einer goldglänzenden Kugel ein kleiner Mann in weißem Hemd und schwarzer Hose und überblickt mit stoisch ruhigem Gesichtsausdruck den Platz.

21 Kapitelhaus

1602 von Erzbischof Wolf Dietrich als Versammlungsstätte der Domherren erbaut.

Kapitelgasse 4
Bus 3, 5, 6, 7, 8, 20, 25, 28, 840
bis Mozartsteg

Ehrfurcht gebietend stehen in der Kapitel- und der Kaigasse die Kanonikalhöfe der ehem. Domherren. Das Kapitelhaus mit seiner strengen Fassade ließ Wolf Dietrich von Raitenau auf eigene Kosten errichten. Über der **Fassade** nach einem Entwurf von Elia Castello und Meister Domenico von 1602/03 sind links und rechts des Doppelfensters die 24 von Michael Pernigger geschaffenen *Wappen* der ehem. Domherren eingelassen. 1803 wurde das Erzstift aufgelöst. Mittlerweile ist das Kapitelhaus Sitz der Universitätsverwaltung.

22 Erzbischöfliches Palais

Seit 1864 Residenz des Salzburger Bischofs.

Kapitelplatz 2
nicht öffentlich zugänglich
Bus 3, 5, 6, 7, 8, 20, 25, 28, 840
bis Mozartsteg

Elegante Strenge und eine klare Gliederung zeigt das Erzbischöfliche Palais, das durch den Zusammenschluss zweier Kanonikalhöfe entstand. Bauherr war Erzbischof Max Gandolf, der Ende des 18. Jh. Lorenz Stumpfegger mit dem Entwurf und den Passauer Carlo Lago mit der Bauleitung beauftragte. Ein Umbau durch den Münchner Architekten Georg Schneider 1864 bezog den benachbarten Kanonikalhof mit ein. Seither dient das Palais als Residenz des Salzburger Erzbischofs.

23 Kajetanerkirche

Barocker Kirchenbau mit eindrucksvoller palastartiger Schauseite und mächtiger querovaler Kuppel.

Kajetanerplatz
Bus 3, 5, 6, 7, 8, 20, 25, 28, 840
bis Mozartsteg

Auf eine bewegte Baugeschichte blickt die Kajetanerkirche zurück. 1684 wurden die Theatiner aufgrund einer Stiftung von 30 000 Gulden durch den Kurbayrischen Rat Georg Konrad Freiherr von Lerchenfeld von Erzbischof Max Gandolf zur Leitung eines Priesterseminars nach Salzburg berufen. Die Schenkung war mit der Auflage verbunden, das Seminar – wie in München – dem Theatinerorden zu unterstellen. Im Jahr darauf begann Johann Caspar Zuccalli auf dem Gelände des ehem. Spitals von St. Peter mit dem **Bau** der Kirche und eines Seminargebäudes, stilistisch eine Verbindung von italienischem und deutschem Barock. Durch den Tod des Erzbischofs 1687 geriet der Bau ins Stocken, da sein Nachfolger Johann Ernst Graf Thun die Arbeiten auf Betreiben der Benediktiner einstellen ließ. Sie fürchteten die Konkurrenz durch die Theatiner in der Priesterausbildung. Auf Intervention des Papstes hin wurde der Bau ab 1696 weitergeführt und am 31. Oktober 1700 dem Patron der Theatiner, dem hl. Kajetan, geweiht. Die Ausstattung konnte erst nach 1730 vollendet werden.

Nur die schwer lastende **Tambourkuppel**, die mit den tempiettoartigen Bekrönungen der Seitenflügel ausgezeichnet korrespondiert, kennzeichnet das Gebäude als Sakralbau. Die ungewöhnliche Breite der elfachsigen, palastartigen **Fassade** schließt nicht nur die Kirche, sondern auch die Flügelbauten des Priesterseminars mit ein. Von den Dimensionen der Kuppel bestimmt ist der querovale Hauptraum, dem die vier Kreuzarme optisch untergeordnet sind, sodass der Blick ungehindert nach oben ins Kuppeloval geleitet wird. Bis auf die 1708 von Johann Michael Rottmayr geschaffene Darstellung der *Heiligen Sippe* auf dem linken Seitenaltar stammt die malerische **Ausstattung** vom Südtiroler Paul Troger: ein *Deckenfresko* aus dem Jahre 1728 mit der von den christlichen Tugenden Glaube, Liebe und Hoffnung sowie der Dreifaltigkeit begleiteten Glorie des hl. Kajetan, der auf Fürbitten Marias in die

Theatralische Inszenierung: Paul Trogers Gemälde ›Der hl. Kajetan tröstet die Pestkranken‹ von 1735 schmückt den rechten Seitenaltar der Kajetanerkirche

Schar der Engel und Heiligen aufgenommen wird; auf dem Hochaltar die *Marter des hl. Maximilian*, 1627; auf dem rechten Seitenaltar *Der hl. Kajetan tröstet die Pestkranken* von 1735 und über den Beichtstühlen die vier Büßerheiligen *Manasses, Maria Magdalena, Wilhelm* und *Maria von Ägypten*, ebenfalls von 1735. Die zurückhaltende Stuckierung stammt von den Brüdern Brenno und einem Gehilfen, die betenden Engel am *Hochaltar* und die Immaculata schuf Matthias Wilhelm Weißenkirchner (um 1725/30).

Das linke Eingangsportal führt zur **Heiligen Stiege** (Sa 11–12 Uhr oder auf Anfrage, Tel. 06 62/808 82 03), einer 1712 entstandenen Nachbildung der Scala Santa in der Lateransbasilika in Rom, die nur demütig auf Knien erklommen werden darf. Beachtenswert auf dem Platz vor der Kirche ist der **Kajetaner-Brunnen**, ein Werk der Salzburgerin Trude Diener aus dem Jahr 1957.

24 Künstlerhaus

Ausstellungs- und Atelierhaus für zeitgenössische Kunst.

Hellbrunner Str. 3
Tel. 06 62/842 29 40
www.salzburger-kunstverein.at
Di–So 12–19 Uhr
Bus 3, 5, 6, 7, 8, 20, 25, 28, 840
bis Justizgebäude

Dem Rudolfskai in östlicher Richtung folgend erreicht man kurz hinter dem Rudolfsplatz das Künstlerhaus. Der Gründerzeitbau wurde 1885 für den 1844 gegründeten **Salzburger Kunstverein** errichtet und mit Ausstellungs- und Atelierräumen für Vereinsmitglieder ausgestattet. Als Mäzen fungierte u. a. Kaiser Franz Joseph, der 3000 Gulden zum Bau beisteuerte. In Wechselausstellungen wird hier

Spannende Installationen wie etwa Linda Bildas ›Zukunft und Ende der goldenen Welt‹ (2009) finden im Künstlerhaus eine effektvolle Bühne

zeitgenössische Kunst gezeigt. Getränke, kleine Gerichte sowie diverse Abendveranstaltungen bietet das *Café Cult* (Tel. 06 62/84 56 01, Mo 9–17, Di–Fr 9–23, jeden 1. Sa im Monat 9–15 Uhr, sonst geschl.).

25 Chiemseehof

Ehemalige Residenz der Bischöfe des Bistums Chiemsee.

Chiemseegasse 8
nicht öffentlich zugänglich
Bus 3, 5, 6, 7, 8, 20, 25, 28, 840
bis Justizgebäude

Der im späten 17. Jh. umgebaute **Stadtpalast** aus dem frühen 14.Jh. diente bis Anfang des 19. Jh. als Stadtresidenz der Bischöfe von Chiemsee. Neben einer *Bischofsgalerie* und einem *Apoll* – wahrscheinlich das Werk Balthasar Permosers – ist die Ausstattung des *Turmzimmers* bemerkenswert, in dessen holzvertäfelte Wände Kupferstiche eingelassen sind. Heute befinden sich in dem nicht öffentlich zugänglichen Palast Amtsräume der Landesregierung.

Vor den imposanten Gipfeln der Salzburger Alpen wetteifern die Kuppel der Kajetanerkirche und der rote Zwiebelturm des Stifts Nonnberg als markante Blickpunkte

26 Stift Nonnberg

TOP TIPP

Spätgotische Klosterkirche mit berühmten romanischen Fresken aus dem Vorgängerbau.

Nonnberggasse 2
Tel. 06 62/84 16 07
www.benediktinerinnen.de/nonnberg.html
Kirche tgl. 7 Uhr bis Sonnenuntergang, spätestens bis 19 Uhr
Bus 3, 5, 6, 7, 8, 20, 25, 28, 840
bis Justizgebäude

Weithin sichtbar ragt der rot gedeckte Zwiebelturm des Stift Nonnberg im Osten der Salzburger Altstadt gen Himmel. Das älteste noch bestehende Frauenkloster im deutschsprachigen Raum geht zurück auf eine Gründung des hl. Rupert um 700 n. Chr., der als Standort für den Benediktinerinnenkonvent den bereits in keltischer und römischer Zeit besiedelten Nonnberg wählte. Erste Äbtissin wurde seine Nichte Erentrudis, die später heilig gesprochen wurde.

Angeblich durch ein Wunder der Heiligen veranlasst, unterstützte Kaiser Heinrich II. den Bau der **Klosterkirche** (1000–1009), die jedoch 1423 einem Brand zum Opfer fiel. Der Turm westlich des Langhauses stammt wahrscheinlich noch von diesem romanischen Gotteshaus. Das 1497–99 entstandene **Südportal** mit den vier Gewändefiguren unter Baldachinen (Kaiser Heinrich II., die Kirchenpatronin Maria, der Klostergründer Rupertus und die hl. Erentrudis) führt in den 1463 begonnenen spätgotischen Neubau. Türsturz und Tympanon des alten Portals wurden wieder verwendet. Auch der Grundriss folgt dem Vorgängerbau. So wirkt das Innere des Ende des 15. Jh. geweihten dreischiffigen, basilikalen Langhauses relativ streng und altertümlich.

Der Chor ist erhöht, um Raum für die zu dieser Zeit schon nicht mehr übliche **Krypta** zu schaffen. Sie ist ausgesprochen großzügig angelegt. Ihr Netzrippengewölbe überzieht die Decke in schwungvollen Bögen und gruppiert sich sternförmig um die 18 Säulen. Hier befindet sich das Grab der hl. Erentrudis.

Bis auf die barocken Seitenkapellen ist die **Innenausstattung** des Kirchenraums gotisch. Der um 1515 entstandene *Hochaltar* stammt allerdings aus Scheffau bei Golling und wurde erst 1853 hierher verbracht. Meister Wenzel schuf den rechten Seitenaltar 1522, während die *Pietà* auf dem linken Seitenaltar ein schönes Beispiel des sog. Weichen Stils um 1400 darstellt. Spätgotisch ist auch das mittlere, prachtvolle *Chorfenster* mit Szenen aus dem Marienleben, das 1480 von Bürgermeister Augustin Clanner gestiftet wurde. Von eher anekdotischem Interesse ist der Grabstein für die Fünfjährige Maria Salome von Altenau (gest. 1605), einer Tochter aus der Liaison Salome Alts mit Erzbischof Wolf Dietrich von Raitenau.

Eine Rarität allerersten Ranges stellen die um 1140 entstandenen romanischen **Fresken** im sog. *Paradies* unter dem Nonnenchor dar. Byzantinische Vorbilder, die über Aquileja oder Venedig vermittelt wurden, standen den strengen und linear bestimmten halbfigurigen Heiligendarstellungen, die an Ikonen erinnern, Pate.

In der über die Klosterpforte zugänglichen **Johanneskapelle** befindet sich ein dem fränkischen Umkreis des Veit Stoß entstammender spätgotischer *Flügelaltar* von 1498. Die übrigen Klostergebäude stammen aus dem 13. bis 19. Jh. und sind nicht zugänglich.

In ihrer Schlichtheit ergreifend: romanische Heiligenfresken in der Kirche des Stifts Nonnberg, hier der hl. Gregor I., Papst 590–604

27 St. Erhard im Nonntal

Additiv wirkende Barockkirche mit strenger Fassade und einem Hochaltarbild von Johann Michael Rottmayr.

Erhardsplatz
Bus 3, 5, 6, 7, 8, 20, 25, 28, 840
bis Justizgebäude

An der Stelle des heutigen Baus, der dem Patron der Kranken geweiht ist, stand ursprünglich eine gotische Kirche. 1603 war sie von Erzbischof Wolf Dietrich erworben und später wegen Baufälligkeit abgerissen worden. 1685 wurde der schon an der Kajetanerkirche tätige Graubündner Architekt Johann Caspar Zuccalli von Erzbischof Max Gandolf als Baumeister berufen. Bereits 1689 konnte dessen Nachfolger, Erzbischof Johann Ernst Graf Thun, die Kirche einweihen. Die Türme stammen aus dem Jahre 1712.

Merkwürdig additiv wirkt der **Zentralbau** von außen. Doch die geschwungenen Turmabschlüsse und die Kuppel verleihen der strengen Fassade festlichen Glanz. Eher an einen Palasteingang als an

Lauschiges Plätzchen für eine labende Pause im Kastanienschatten: Biergarten des Stieglkeller

ein Kirchenportal erinnert der Säulenportikus mit der zweiläufigen Treppe, die wegen der ständigen Hochwassergefahr erhöht angelegt wurde.

Der kuppelüberwölbte Zentralraum ist im **Inneren** festlich stuckiert. Verantwortlich dafür war Francesco Brenno, der den Gips schon vor dem Modellieren gefärbt hatte, um eine hohe Farbintensität zu erlangen. Beeindruckend sind auch die plastisch geformten Stuckfiguren in den Zwickeln der Kuppelpendentifs. Sie stellen die von den Kardinaltugenden Weisheit, Tapferkeit, Mäßigkeit und Gerechtigkeit begleiteten und in Salzburg außerordentlich verehrten Heiligen Rupert, Virgil, Vitalis und Martin dar.

Harmonisch passen sich die drei von Säulen flankierten Altäre in die Raumgestaltung ein. Das *Hochaltarbild* Johann Michael Rottmayrs von 1692 zeigt die Taufe der hl. Ottilie von Hohenburg, einer heidnischen Prinzessin, durch den hl. Erhard, der sie dabei angeblich von ihrer Blindheit heilte.

28 Stieglkeller

TOP TIPP

Traditionsreiche Bieroase am Fuße des Festungsberges.

Festungsgasse 10
Tel. 06 62/84 26 81
www.imlauer.com
Mai–Sept. tgl. 11–24, Okt.–Dez., April Sa 11–24, So 11–17 Uhr
Bus 3, 5, 6, 7, 8, 20, 25, 28, 840 bis Mozartsteg

Im 1492 gegründeten Bierkeller, der erst 1926 sein heutiges Aussehen erhielt, können sich müde Festungsbesucher laben oder sich vor dem steilen Aufstieg zu Fuß angemessen stärken. Der zugehörige **Biergarten** ist in die Hangterrassen hineingebaut. Von hier hat man einen schönen Ausblick auf die Türme und Kuppeln der Altstadt. Wer launige Bierzeltstimmung mag, wird sich an den meterlangen Tischreihen in der hallenartigen ›Stube‹ wohlfühlen. So oder so, was hier auf den Tisch kommt, ist bodenständig: herzhaft und deftig.

Schräg vis-à-vis vom Stieglkeller, in der Festungsgasse 7, ist mit dem **Binderhaus** eines der wenigen mittelalterlichen Wohnhäuser erhalten.

Schwindelerregend steil und doch bequem: Hohensalzburgbesuch mit Festungsbahn

29 Festung Hohensalzburg

TOP TIPP

Herrlich ist der Blick auf Salzburg von der 119 m über der Stadt thronenden Festung, einer Burg wie aus dem Bilderbuch. Im Inneren birgt sie einen der schönsten gotischen Profanräume Europas.

Mönchsberg 34
Festungsbahn: Einstieg Festungsgasse 4, Tel. 08 00/66 06 60, www.salzburg-ag.at
Museum: Tel. 06 62/84 24 30 11
www.salzburg-burgen.at
Mai–Sept. tgl. 9–19, Okt.–April tgl. 9.30–17 Uhr
Bus 3, 5, 6, 7, 8, 20, 25, 28, 840 bis Mozartsteg, Festungsbahn

Entweder fährt man bequem mit den Wagen der **Festungsbahn**, oder man müht sich zu Fuß in Serpentinen den steilen Berg zur wehrhaften Burg hinauf: durch den ersten Sperrbogen, dann weiter durch den Keutschach-Bogen, über die ehem. Zugbrücke, durch das Bürgermeistertor und den Zwinger. Es führt auch ein steiler Weg fast senkrecht zum Ziel, entweder rechts durch die Höllenpforte oder geradeaus durch die Rosspforte in den Äußeren Burghof. Auf alle Fälle wurde den Feinden damals die Sache nicht leicht gemacht ...

Erzbischof Gebhard ließ 1077 den Grundstein für Hohensalzburg legen. Er hatte sich während des Investiturstreits – dem Machtkampf zwischen Kaiser und Papst – auf die Seite des Papstes geschlagen und musste deshalb einen Angriff des Kaisers befürchten. Unter seinem Nachfolger Erzbischof Konrad I. (1106–1147), ebenfalls einem Parteigänger des Papstes, wurde sie weiter ausgebaut. Ihre jetzige Gestalt und die spätgotische Ausstattung erhielt die Burg größtenteils im 15. Jh. unter Leonhard von Keutschach, einem überaus kriegerischen und eigensinnigen Erzbischof, dessen Wappen mit der Rübe man bei einem Burgrundgang auf Schritt und Tritt antrifft.

Im 17. Jh. ließ Erzbischof Paris Lodron dann noch einige Sperrwerke und Bastionen bauen, die letzte, die Kuenburg-Bastei nördlich der Georgskirche, im Jahre 1681.

Noch heute zeugen Wohntürme, Speisehaus, Ställe, Küchenturm, Schulhaus, Glockenturm, Kirche und vieles mehr davon, dass die Festung Hohensalzburg damals eine richtige kleine Stadt mit Selbstversorgung war, in der es an nichts fehlte. Im Reißzuggebäude betrieben noch im 19. Jh. Sträflinge mit Menschenkraft den Materialaufzug von 1504.

Im **Burghof** mit seiner Linde angelangt, fühlt man sich gleich um ein paar Jahrhunderte zurückversetzt. Die achteckige *Matthäus-Lang-Zisterne* (1539) mitten im Hof ist das Werk eines italienischen Meisters. An der Außenwand der 1501/02 erbauten **Georgskirche** prangt ein prachtvolles *Marmordenkmal* mit dem das Land segnenden Erzbischof (wohl nur das Land, weil er von dessen Bewohnern wenig hielt): »Hie gibt Erzbischove Leonhard zu Salcburg geborn von Keutschach den segen über des stiffts Salcburg landt. 1515.« Er wird flankiert von zwei Leviten mit Legatenkreuz und -hut sowie Missale, darüber und über dem Kapelleneingang befinden sich zudem ein Kreuzigungs- und ein Christophorusrelief (1502). Ungewöhnlich sind die 13 großen *Reliefs* aus Adneter Marmor im Inneren der einschiffigen und im 17. Jh. um ein Stockwerk erhöhten Georgskirche. Sie stellen Christus und die zwölf Apostel dar, frei nach Kupferstichen Martin Schongauers.

Den *Brunnen* gegenüber dem Glockenturm ließ Erzbischof Leonhard von

Schule des Sehens

Die Festung Hohensalzburg ist neben der Alten Saline Hallein und dem Steinbruch Kiefer Fürstenbrunn seit über 50 Jahren Pilgerziel von Kunstfreunden, die sich nicht nur der passiven Betrachtung widmen, sondern selbst kreativ tätig sein wollen. Sie werden für einige Wochen Schüler der **Internationalen Sommerakademie für Bildende Kunst** [s. S. 132], die stets während der Festspielzeit im Juli und August in die mittelalterlichen Burggemäuer einzieht. In diesem inspirierenden Ambiente bieten Lehrer, häufig international erfolgreiche Künstler wie Markus Lüpertz, Daniel Spoerri, Valie Export und Marie-Jo Lafontaine, rund 500 ›Studierenden‹ aus über 40 Nationen Kurse in den Bereichen Malerei, Grafik, Plastik, Fotografie, Film und Video, Installation, Schmuck, Architektur und Design an. Dabei zählt es zu den Besonderheiten der Sommerakademie, dass für die Teilnahme keine künstlerischen, schulischen oder akademischen Weihen Voraussetzung sind. Bewerben kann sich jeder künstlerisch Interessierte, allein die persönliche Auswahl durch die Lehrer entscheidet.

Gegründet wurde die Sommerakademie 1953 von **Oskar Kokoschka** und dem Salzburger Galeristen **Friedrich Welz** als Schule des Sehens, die sich an den Vorbildern der Natur üben sollte. Ursprünglich wurde besonders die Aquarellmalerei favorisiert – spontan und nicht korrigierbar.

Im Farbenrausch: Internationale Sommerakademie auf der Festung Hohensalzburg

Auch die Wände des *Bibliotheksraumes* sind kostbar vertäfelt (1504). Vom Schlafzimmer aus hatte Erzbischof Wolf Dietrich gute Sicht auf Schloss Mirabell, wo seine Geliebte Salome Alt residierte.

Einen herrlichen Rundblick auf die Stadt, die umliegenden Hausberge, die bayerische Hochebene, das Mittel- und Hochgebirge hat man von der Plattform des **Reckturmes** aus, bei dem auch die Führung beginnt und wo früher Verhöre und Folterungen stattfanden. Eines der akustischen Wahrzeichen der Stadt ist der berühmte **›Salzburger Stier‹**, die älteste erhaltene Freiorgel Österreichs. Erzbischof Leonhard von Keutschach hatte im obersten Turm des ›Hohen Stocks‹ das Hornwerk 1502 installieren lassen, dessen ›Geschrey‹, der Akkord f-a-c, die Bevölkerung zeitmäßig auf dem

TOP TIPP

Mittelaltercharme prägt den beschaulichen Burghof der Festung Hohensalzburg mit Matthäus-Lang-Zisterne und Georgskirche **(links)** *und die prächtige Goldene Stube mit großartigem Majolikaofen von 1501* **(unten)**

Keutschach laut Inschrift 1502 »für 323 Pfund Pfennige« errichten. Das entsprach dem Kaufwert von 646 geschlachteten Kälbern, war also eine Menge Geld.

Zu den Höhepunkten einer Besichtigung gehören die prunkvollen Fürstenzimmer im **Palas**, dem ›Hohen Stock‹. Bis auf das Mobiliar, das die napoleonischen Besatzer in einem kalten Winter zu Beginn des 19. Jh. verheizten, erstrahlt der *Goldene Saal* noch in original spätgotischer Pracht mit blau und rot bemalter Holzvertäfelung und aufwendigen Schnitzarbeiten. Vor allem der Decke mit vergoldeten Kugeln auf blauem Grund verdankt das Zimmer seinen Namen. Der Deckenunterzug trägt die Jahreszahl 1502. Eine der gedrehten Säulen vor dem Fenster zeigt noch die Spuren von Einschüssen aus dem Bauernkrieg. Hätten die Aufständischen 1525 den etwa 20 m langen Deckenbalken nur einige Meter weiter getroffen, der die Dachkonstruktion des ganzen Gebäudes hält, wäre von den Prachträumen nicht mehr viel übrig geblieben.

In der heimeligeren *Goldenen Stube* – dem einzigen beheizbaren Raum der Festung – steht der mit Figuren, Pflanzen und exotischen Früchten geschmückte Majolikaofen aus dem Jahr 1501, der wohl schönste seiner Art in ganz Österreich.

Laufenden und wohl auch auf Trab halten sollte. Das markerschütternde Schreien ertönte morgens um vier Uhr zum Aufstehen und abends nach dem Ave-Läuten. Mitte des 16. Jh. wurde zusätzlich eine Walzenorgel angeschlossen, die zuerst nur den ›Alten Choral‹ spielte, inzwischen aber verschiedene Musikstücke beherrscht. Zwischen Palmsonntag und 31. Oktober erklingen heutzutage täglich nach dem Glockenspiel um 7, 11 und 18 Uhr verschiedene Weisen, morgens ertönen Melodien von Vater und Sohn Mozart, mittags folgt ein Hymnus von Paul Hofhaymer und abends der ursprüngliche ›Alte Choral‹. Die Musik wird jedesmal mit dem eindringlichen ›Stierschrei‹ eingeleitet und beendet. Am besten hört man den ›Salzburger Stier‹ vom Kapitelplatz aus.

Im **Festungsmuseum** finden sich Werke mittelalterlicher Kunst, Waffen, Erinnerungsstücke an Erzbischof Wolf Dietrich, den prominentesten Häftling der Festung, sowie eine reichhaltige Sammlung von ausgeklügelten, fantasievollen und

Zur Verteidigung bereit: das Arsenal mittelalterlicher Waffen und Rüstungen im Festungsmuseum

vor allem grausamen Folterinstrumenten. Allerdings handelt es sich dabei größtenteils um Nachbildungen aus dem 19. Jh.

Das anschließende **Rainer-Regiments-Museum** gedenkt des Infanterieregiments Nr. 59 ›Erzherzog Rainer‹. Die in Salzburg stationierte Einheit wurde 1682 zur Türkenabwehr gegründet. Nach dem Ersten Weltkrieg wurde es aufgelöst. Das Hauptaugenmerk der Sammlung gilt den Einsätzen im Gebirgskrieg zwischen 1914 und 1918.

Ein besonderes Erlebnis sind die Sommerkonzerte **Open Air Mozart** (Tel. 06 62/82 58 58, www.salzburghighlights.at), im Juli vor Beginn der Festspiele den Burghof mit romantischem Klangzauber erfüllen. Ein ganzjähriges Vergnügen sind dagegen die **Salzburger Festungskonzerte**, die den Goldenen Saal im Palas als stimmungsvollen Rahmen für die dargebotene Kammermusik nutzen.

30 Alter Markt

Größter Platz der Bürgerstadt mit Marktbrunnen, dem ›Kleinsten Haus Salzburgs‹, einer originalen Rokokoapotheke und dem traditionsreichen Café Tomaselli.

Bus 3, 5, 6, 8, 20, 25, 28, 840 bis Rathaus

Geradezu intim und gemütlich im Vergleich mit den riesigen Plätzen der Fürs-

*Den Flair bürgerlicher Pracht und bewahrt der Alte Markt (**unten**) mit dem schmucken Florianibrunnen und der ›Fürsterzbischöfliche Hofapotheke‹ (**links**) bis heute*

tenstadt um den Dom herum wirkt der auf drei Seiten von schlichten, meist außerordentlich hohen Bürgerhäusern umstandene Alte Markt. Seine Funktion als Hauptmarkt ist inzwischen auf den Universitätsplatz vor der Kollegienkirche übergegangen. Die Hausfassaden stammen größtenteils aus dem 18. und 19. Jh.

Zentraler Blickpunkt des Platzes ist der **Marktbrunnen**, der nach dem Schutzpatron vor den damals besonders gefürchteten Feuersbrünsten auch *Florianibrunnen* genannt wird. Ein erster, diesem Heiligen geweihter Brunnen ist urkundlich 1488 erwähnt. Als die Straßen der Altstadt noch dicht mit Fachwerkhäusern bebaut waren, musste nicht nur die Wasserversorgung der Haushalte, sondern auch das Löschen von Bränden sichergestellt werden. 1585–87 wurde das mit Akanthusvoluten an den acht Ecken und mit Rosetten auf den dazwischenliegenden Flächen geschmückte Marmorbecken aufgestellt. Erst etwa 150 Jahre später, 1734, schuf der Bildhauer Josef Anton Pfaffinger die *Rokokofigur* des hl. Florian als krönenden Abschluss des Brunnens.

Wie jede Stadt, die etwas auf sich hält, kann auch Salzburg mit einem **›Kleinsten Haus‹** aufwarten (Haus Nr. 10 a, Breite nur 1,42 m). Im Erdgeschoss befindet sich das edle Juweliergeschäft ›Henri J. Sillam‹.

In der **›Fürsterzbischöflichen Hofapotheke‹** (Haus Nr. 6), deren altertümlich-elegante Rokokoeinrichtung noch aus der Zeit um 1760 stammt, kann man sich gegen Erkältung wappnen, wenn einem der ›Salzburger Schnürlregen‹ zu sehr zugesetzt hat. Schon 1591 eröffnete Heinrich Meredoy im Haus Nr. 7, von woher die Einrichtung transferiert wurde, die Apotheke.

Am oberen Ende des Marktes, kenntlich an der sich erstaunlich gut ins Gesamtbild fügenden modernen Terrasse, befindet sich das 1703 gegründete TOP TIPP **Café Tomaselli** [s. S. 129], dessen süße Leckereien schon Mozart zu schätzen wusste. In dem beliebten Treffpunkt des Festspielpublikums ist es meist schwierig, einen Platz zu finden.

Das spätbarocke Portal von **Haus Nr. 3** stammt vom ehem. Leihhaus am heutigen Makartplatz. Dieses war von Johann Ernst Graf von Liechtenstein gestiftet worden, um die Bürger vor Wucher zu schützen.

31 Judengasse

Die schmale, stark geschwungene Gasse ist als Verlängerung der Getreidegasse eine der ältesten Durchgangsstraßen Salzburgs.

Bus 3, 5, 6, 8, 20, 25, 28, 840 bis Rathaus

Auch in Salzburg hatten Juden und Protestanten einen schweren Stand. Die früheste urkundliche Nachricht über eine *Judensiedlung* datiert von 1284. Die Judenverfolgungen im Spätmittelalter und in der Zeit des Nationalsozialismus stellen kein Ruhmesblatt der klerikal geprägten Stadt dar. In den Jahren 1349 und 1404 fanden sogar Massenhinrichtungen statt. Die »Verbannung der Juden aus dem Erzstift Salzburg für immer und ewige Zeiten« befahl Erzbischof Leonhard von

Oben: *Das Café Tomaselli ist seit 1703 eine allseits beliebte Institution am Alten Markt*
Unten: *Feiner Jugendstil bezaubert am Haus Nr. 3 in der Judengasse*

Keutschach schließlich im Jahre 1498. Seit dieser Zeit erinnert nur noch der Name der Gasse an seine ehemaligen Bewohner.

Haus Nr. 3 weist eine ganz besonders schöne Fassade mit dem einzigen reinen *Jugendstilportal* in Salzburg auf.

An der Stelle des heutigen **Hotel Altstadt** (Judengasse 15, Tel. 06 62/848 57 10, www.austria-trend.at/ass) stand bis 1415 die Synagoge. Seit 1437 wurde dann im hiesigen Gasthof ›Höllbräu‹ Bier gebraut. 1992 wurde das Hotel eingerichtet.

Das **Döllerergässchen**, Salzburgs schmalste Gasse, verbindet die Judengasse mit dem Waagplatz.

32 Rathaus

Barocker Nachfolgebau des ursprünglich gotischen Rathauses. Sitz der Stadtverwaltung.

Rathausplatz
Bus 3, 5, 6, 8, 20, 25, 28, 840 bis Rathaus

Welch bescheidenes Gebäude im Vergleich zur Pracht der Residenz, des Doms und der Kirchen! Offensichtlich hatten die Bürger in dieser Stadt der Fürstbischöfe und Klöster nicht allzuviel zu sagen. So bändigte nach der Überlieferung der Salzburger Kirchenfürst Leonhard von Keutschach 1511 den Freiheitswillen der Bürgerschaft, indem er ihre Ratsherren zur Tafel lud, sie dann handstreichartig gefangen setzte und erst nach ihrem Versprechen, auf Reichsfreiheit und Autonomie zu verzichten, wieder freiließ. Der seit 1407 als Rathaus genutzte gotische ›Kheuzlturm‹ wurde 1616–18 durch den jetzigen **Barockbau** ersetzt. Auf dem Uhrturm – dem breiten Unterbau mit Riesen-Eckpilastern ist ein graziles Glockentürmchen aufgesetzt – eine *Mondphasenuhr* von 1618. Die mit Schwert und Waage ausgestattete, von Hans Waldburger geschaffene *Figur* in der Nische über dem Portal symbolisiert die ›Gerechtigkeit‹. Bei der Umgestaltung der Fassade im Jahre 1772 erhielten die Fenster ihre Stuckeinfassungen, die dem ansonsten eher strengen Baukörper eine anmutige Note verleihen.

Am **Kranzlmarkt 3** neben dem Rathaus steht das älteste erhaltene Patrizierhaus in Salzburg. An der Barockfassade sind Teile der gotischen Fenstergewände zu erkennen. Sie zeigen die Höhe der damaligen Häuser. Dieses hier besaß schon vor 1400 ein echtes Grabendach.

Das Rathaus mit seinem Glockentürmchen ist Blickfang der Sigmund-Haffner-Gasse

33 Sigmund-Haffner-Gasse

Beschauliche schmale Altstadtgasse mit schmucken Fassaden.

Bus 3, 5, 6, 8, 20, 25, 28, 840 bis Rathaus

Interessante historische Bauten liegen gegenüber vom Rathaus in der Sigmund-Haffner-Gasse, benannt nach dem vermögenden Handelsmann und Bürgermeister. Sein Sohn war im gleichen Alter wie Mozart, der dessen drei Jahre jüngerer Schwester anlässlich ihrer Verlobung die ›Haffner-Serenade‹ widmete.

Im **Haus Nr. 6** wohnte aller Wahrscheinlichkeit nach Salome Alt, Geliebte und Lebensgefährtin des Erzbischofs Wolf Dietrich von Raitenau, für die er Schloss Altenau, das spätere Mirabell, er-

Schilderwald über den Köpfen der Passanten: Salzburgs berühmte Getreidegasse

richten ließ. Während das Rokokoportal auf 1741 datiert ist, stammt die klassizistische Fassade von 1801.

Die **Buchhandlung Höllrigl** (Nr. 10) grenzt an einen schönen Arkadenhof, gleiches gilt für die Nr. 14. Der **Langenhof** (Haus Nr. 16, auch *Kuenburg-Palais*) ist einer der wenigen Salzburger Adelspalais. Erzbischof Max Gandolf von Kuenburg ließ ihn für seine Familie als repräsentativen, sechzehnachsigen Palast mit drei Geschossen plus Attika errichten. Seine klassizistisch-strenge Fassade erhielt der Langenhof um 1800 durch Johann Georg Laschensky. Der Feinkostladen *Felleis, Knittelfelder & Thunfisch* (Tel. 06 99/ 17 50 66 18 06 http://felleis-knittelfelder.at) im Erdgeschoss hat neben hausgemachter Marmelade auch Kleinigkeiten für den Hunger zwischendurch im Angebot.

In einer Wandnische der Hofdurchfahrt steht majestätisch ein großer romanischer *Löwe* aus dem 13. Jh., einer der vielen über die Stadt versprengten Reste aus dem alten Dom. Seine lateinische Inschrift lautet in Übersetzung: »Diese Skulptur wurde unter der Obsorge des Bruders Bertram geschnitten. Möge sie Dir, o Gott, gefallen, dann vereinige ihn mit den Seligen.«

34 Getreidegasse

TOP TIPP

Schmiedeeiserne ›Ausleger‹ und großzügige Durchhäuser prägen die berühmte Gasse, die ganz im Zeichen von Konsum und kulinarischen Genüssen steht.

Bus 3, 5, 6, 8, 20, 25, 28, 840 bis Rathaus

Über die Herkunft des Namens der Gasse existieren diverse Theorien, wobei die einfachste, die Abstammung von dem Begriff ›Getreide‹, die wenigsten Anhänger besitzt. Angeblich soll der Name von dem Wort ›trabig‹ (= schnell, rührig) abgeleitet sein. Mit der Verlängerung der Judengasse bildete die Getreidegasse den einzigen durchgehenden Straßenzug, bevor Erzbischof Wolf Dietrich parallele Straßenverbindungen anlegen ließ. Ein Reiz der Gasse liegt in ihrer Enge und ihrem leicht geschwungenen Verlauf sowie den zwar spröden, aber variantenreichen Fassaden, die sich doch zu einer Einheit fügen.

Mit einer besonderen Technik wurde die Getreidegasse bis 1862 sauber gehalten: Einmal wöchentlich wurde das Wasser des Almkanals – es existierte ein weit verzweigtes Rohrsystem – durch die Gasse geleitet und somit der ganze Unrat fortgeschwemmt. So erfreuten sich die Salzburger relativ guter Gesundheit, ohne die in anderen Städten grassierenden Epidemien. Die Häuser sind alle sehr schmal, dafür aber weit in die Tiefe gebaut, oft mit Vorderhaus und Rückgebäude und einem Laubenhof dazwischen. Charakteristisch sind die vielen schmalen Hausdurchgänge – die ›Durchhäuser‹ – von der Getreidegasse zum Universitätsplatz und zur Griesgasse. Außer dem Schatz-Durchhaus [s. Nr. 35] befinden sich besonders beliebte Passagen bei den Häusern Nr. 7, 22, 25, 29, 33 und 34/36. Das ›Zezihaus‹ (Haus Nr. 5) schmückt ein außerordentlich zierliches *Rokokoportal* von 1766 mit kunstvollem Eisentor und schmiedeeisernem Lünettengitter.

Würstelstände sorgen für den geeigneten Imbiss bei Einkaufs- und Stadtbummel

Beliebte Abkürzung: Das Schatz-Durchhaus zwischen Getreidegasse und Universitätsplatz

35 Schatz-Durchhaus

TOP TIPP *Schönstes der arkadengerahmten Durchhäuser an der Getreidegasse mit ausgezeichnetem Café.*

Getreidegasse 3
www.schatz-konditorei.at
Bus 3, 5, 6, 8, 20, 25, 28, 840 bis Rathaus

Seinen Namen verdankt das Schatz-Durchhaus der im Erdgeschoss ansässigen **Konditorei** und Lebzelterei (= Lebkuchenbäcker) Schatz, deren Leckereien in Salzburg einen guten Ruf haben.

Durchhäuser bildeten im mittelalterlichen Stadtgefüge die einzigen Querverbindungen von einem Straßenzug zum anderen. Echt salzburgisch zeigen die Häuser im Gegensatz zu ihrem häufig kargen Äußeren hübsche **Innenhöfe** mit zierlichen Arkaden, reich verzierten Portalen und pittoresken Stiegenhäusern.

Das Schatz-Durchhaus wurde schon 1363 urkundlich erwähnt. Den präparierten kleinen Hai und die Walrippe, die in einem Netz im Gewölbe des Durchgangs hängen, brachte ein ehemaliger Besitzer wohl von seinen Handelsreisen übers Mittelmeer mit nach Salzburg. Eine Tafel erinnert an das Gründungsmitglied der Sozialdemokratischen Arbeiterpartei August Bebel, der hier in den Jahren 1859/60 als Drechslergehilfe arbeitete.

36 Mozarts Geburtshaus und Museum

TOP TIPP *Für Mozartliebhaber die Hauptattraktion der Stadt: Die ehemalige Wohnung der Familie Mozart.*

Getreidegasse 9
Tel. 06 62/84 43 13
www.mozarteum.at
Sept.–Juni tgl. 9–17.30,
Juli, Aug. tgl. 9–20 Uhr
Bus 3, 5, 6, 8, 20, 25, 28, 840 bis Rathaus

Durch ein Portal, bewacht von einer im Volksmund ›Schleierweiberl‹ genannten Heiligen in einem Medaillon (um 1730), betritt man das schon 1403 urkundlich erwähnte, typisch Salzburger Bürgerhaus, dessen dritte Etage die Familie Mozart von den Hagenauers gemietet hatte. Wie die Schlange im Türgriff beweist, war es früher ein Apothekerhaus.

Hier wurde am 27. Januar 1756 **Wolfgang Amadeus Mozart** als letztes von sieben Kindern geboren. Zu dieser Zeit besaß das Haus noch eine geschmückte Rokokofassade. Sie wurde Mitte des 19. Jh. durch eine nüchtern-klassizistische ersetzt. Zum Universitätsplatz hin blie die ursprüngliche Fassade erhalten.

Der Vater des kleinen Mozart, Leopold, war erzbischöflicher Hofkapellmeister in Salzburg. Als die Wohnung zu klein wurde, übersiedelte die Familie 1773 in das Tanzmeisterhaus [Nr. 62] am Makartplatz.

Das drei Stockwerke einnehmende Museum in Mozarts Geburtshaus zeigt in einer durch den Architekten und Karikaturisten Thomas Wizany modern gestalteten Ausstellung viele persönliche Erinnerungsstücke an Wolfgang Amadeus und seine Familie.

Im dritten Stock, der eigentlichen Wohnung der Mozarts, werden die einzelnen Familienmitglieder vorgestellt. In Mozarts **Geburtszimmer** kann man die winzige Kindergeige von 1746 bewundern, auf der er musizierte.

Die Präsentation **›Mozart auf dem Theater‹** im zweiten Stock widmet sich den Opern des genialen Komponisten und ihrer Aufführungsgeschichte. Büh-

nenbildmodelle, Kostüme und Requisiten in dynamisch geformten Vitrinen geben Einblick in die Inszenierungsstile renommierter Regisseure. Das Clavichord aus Mozarts Wiener Zeit wurde in diesen Ausstellungsbereich integriert.

Die Schau **›Alltag eines Wunderkindes‹** im ersten Stock widmet sich dem alltäglichen Familienleben der Mozarts im heimischen Salzburg sowie auf ihren diversen Reisen.

37 Universitätsplatz

Buntes Markttreiben auf dem Platz vor der Kollegienkirche.

Bus 3, 5, 6, 8, 20, 25, 28, 840 bis Rathaus

Auf dem unregelmäßig geformten Platz zwischen der mit anmutigen Rokokoornamenten verzierten rückwärtigen Fassade von Mozarts Geburtshaus und der großartig vorgewölbten Schauwand der Kollegienkirche Fischer von Erlachs spielt sich täglich das lebhafte Treiben der Händler und Bauern aus Salzburg und

Mozarts Geburtshaus beherbergt heute ein modern gestaltetes Museum…

…seine leuchtend gelbe Fassade zur Getreidegasse ist Magnet für Besucher aus aller Welt

Umgebung ab, der **Grünmarkt** (Mo–Fr 7–19, Sa 7–13 Uhr). Neben frischem Obst und Gemüse, regionalen Spezialitäten, herzhaft duftenden Imbissangeboten und einer üppigen Auswahl an Blumen laden rund um die Marktstände einige Cafés zum Verweilen ein. Besonders rege ist das Treiben am Samstagvormittag, wenn die Salzburger hier die Zutaten für ihr Festessen am Wochenende einkaufen.

38 Universität

Der Baukomplex der alten Universität erstreckt sich trapezförmig zwischen Herbert-von-Karajan-Platz und Kollegienkirche.

Universitätsplatz und Hofstallgasse
Bus 3, 5, 6, 8, 20, 25, 28, 840 bis Rathaus

Nachdem Erzbischof Wolf Dietrich und sein Nachfolger Markus Sittikus mit ihren Bemühungen um die **Gründung** einer Universität gescheitert waren, gelang Paris Lodron am 8. Oktober 1622 endlich, mittels päpstlicher und kaiserlicher Privilegien, die Verwirklichung seiner Idee. Doch 1810/11 verlangte der bayerische König Max I. Joseph die Umwandlung der Universität in ein Lyzeum, und erst 1962 konnte sie wieder belebt werden. Zur Erinnerung an ihren erzbischöflichen Gründungsvater erhielt sie den Namen ›Alma Mater Paridiana‹.

Die aus der Zeit des Dreißigjährigen Krieges stammenden **Universitätsgebäude**, schlichte, unregelmäßig um einen Hof gruppierte funktionale Quader, sind unmittelbar mit der Kollegienkirche verbunden. Im *Inneren* der Studiengebäude befindet sich neben der Aula, dem *Sacellum* – einer Kapelle – und dem Universitätstheater auch eine bedeutende Bibliothek.

Auf dem Vorplatz, Ecke Hofstallgasse, befindet sich der **Fischbrunnen**, auch ›Wilder-Mann-Brunnen‹ genannt, nach der Bronzefigur eines ›Wilden Mannes‹ – im Volksmund auch ›Wassermann‹ – mit einem ausgerissenen Baumstamm und dem Wappen der Stadt Salzburg. Das behaarte Mischwesen symbolisiert ungezügelte Kraft und Fruchtbarkeit. 1620 von Johann Ritter errichtet, diente der Brunnen ursprünglich als Fischkalter.

39 Kollegienkirche

TOP TIPP

Fantasievolles Meisterwerk Fischer von Erlachs und eine der bedeutendsten Barockkirchen der Kunstgeschichte.

Universitätsplatz
Bus 3, 5, 6, 8, 20, 25, 28, 840 bis Rathaus

Die hohe Kuppel und die stark ausgebauchte Fassade mit ihrer geschwungenen Bekrönung zwischen niedrigen Türmen sind ein Wahrzeichen der Stadt. Weil es ihm nicht behagte, dass in den profanen Räumen der Universität Gottesdienste abgehalten werden mussten, »allwo

Mit buntem Blütenzauber betört der Grünmarkt auf dem Universitätsplatz

Architekturschönheit, die ihresgleichen sucht: Kollegienkirche des Fischer von Erlach (1696–1707) mit der ersten vorgewölbten Kirchenfassade nördlich der Alpen

man sonsten die Comoedien und andere prophana zu exibieren pflegte«, stiftete 1694 Erzbischof Johann Ernst Graf Thun 15 000 Gulden für den Bau einer *Universitäts-kirche* der ›Unbefleckten Empfängnis Mariens‹, die 1707 geweiht wurde.

Die grau und weiß verputzte **Fassade** mit dem machtvoll vorspringenden Mittelteil und den Türmen wurde stilbildend für den süddeutschen Barockkirchenbau (z.B. in Ottobeuren oder Einsiedeln). Ausgehend vom massiven Unterbau wird sie nach oben hin immer filigraner, bis sich die Mauerschwere in den Turmhelmen auflöst. Diese entsprechen der diademartigen Bekrönung, auf der die Statue der Maria Immaculata steht, Hauptthema theologischer Auseinandersetzungen an der Salzburger Universität jener Zeit. Auf den Turmhelmen erheben sich von Michael Bernhard Mandl geschaffene Statuen der Evangelisten und Kirchenvätern. Hinter der Schaufassade verbirgt sich ein mächtiger Baukörper mit längsovalem, kuppelüberwölbtem Hauptraum und Kreuzarmen zwischen ovalen Eckräumen. Das **Innere** des auf eine zentrale Mitte hin konzipierten Raumes überrascht durch die Steilheit und Höhe des weiß getünchten, gotisch anmutenden Kirchenschiffs. Imposant wirken die Kolossalpilaster auf hohen Podesten mit den zweigeschossigen Figurennischen dazwischen. Ganz so streng und schlicht war der Innenraum ursprünglich zwar nicht vorgesehen, aber aus unbekannten Gründen kam die 1721/22 geplante Ausmalung der Gewölbe und der Kuppel durch Johann Michael Rottmayr nicht zustande.

Gegen die geniale Architektur fällt die **Ausstattung** qualitativ doch ab. Dabei hatte Johann Bernhard Fischer von Erlach sogar den originalen Tabernakel in Form eines Tempietto und mit Bezug auf die

Bibelworte »Die Weisheit hat sich ein Haus gebaut und sich sieben Säulen ausgehauen« entworfen. Der wurde allerdings schon 1740 durch den jetzigen von Josef Anton Pfaffinger nach einem Entwurf Johann Klebers ersetzt. Die weiße *Stuckdekoration* stammt von Diego Francesco Carlone und Paolo d'Allio. Die *Seitenaltäre* mit ihren Aufbauten aus marmoriertem Holz tragen Gemälde von Rottmayr (1721/22) und Statuen von Pfaffinger. Die Kanzel entstand 1774.

40 Museum der Moderne Rupertinum

TOP TIPP

Stammhaus des Museums der Moderne im historischen Gebäude des Collegium Rupertinum.

Wiener-Philharmoniker-Gasse 9
Tel. 06 62/842 22 04 51
www.museumdermoderne.at
Di, Do–So 10–18, Mi 10–20 Uhr, während der Festspiele tgl. 10–18 Uhr
Bus 3, 5, 6, 8, 20, 25, 28, 840
bis Rathaus

Der Name des Museums verweist auf das *Collegium Rupertinum*, das Erzbischof Paris Lodron in dem 1633 erbauten Haus einrichtete. Funktion des Collegiums war die Ausbildung des Priester- und Beamtennachwuchses. Für jedes Jahr ihres Studienaufenthaltes hier mussten die Absolventen übrigens anschließend zwei Jahre im Erzbistum arbeiten. Im 20. Jh. wurde das Rupertinum mit seinem schönen Innenhof Heimstatt des Museums für moderne Kunst. Quasi als Einstimmung fungierte die hellblaue *Fassadengestaltung* mit Keramikfliesen von Friedensreich Hundertwasser.

Den Grundstein für das Museum hatte der Salzburger Galerist Friedrich Welz gelegt, zugleich Initiator der Internationalen Sommerakademie [s. S. 59]. Er brachte seine Sammlung mit den Schwerpunkten Kunst um 1900 und Expressionismus ein. Die Kunst der Wende zum 20. Jh. ist mit Werken von Richard Gerstl, Oskar Kokoschka und Alfred Kubin in der Sammlung ebenso vertreten wie der österreichische Expressionismus. Dazu kommen bedeutende Werke der Kunst nach 1945, Fotografie, Medien-, Objekt- und Aktionskunst, die mit Namen wie Arnulf Rainer, Fritz Wotruba, Alfred Hrdlicka, Erwin Wurm und Valie Export aufwarten kann. Die hauseigene Sammlung mit den Schwerpunkten Fotografie, Druckgrafik, Malerei und Skulpturen wird kontinuierlich erweitert und in Wechselausstellungen präsentiert.

In einer einstigen Priesterschule zeigt das Museum der Moderne Rupertinum seine Schätze

Der Arkadenhof im Rupertinums erschließt die unterschiedlichen Ausstellungsräume

41 Felsenreitschule

Der barocke Pferdestall muss den Vergleich mit einem Palast nicht scheuen.

Hofstallgasse 1
Tel. 06 62/804 50
www.salzburgfestival.at
Führungen: Okt.–Mai tgl. 14, Juni, Sept. tgl. 14 und 15.30, Juli/Aug. tgl. 9.30, 14 und 15.30 Uhr
Bus 1, 4, 8, 10, 22 bis Herbert-von-Karajan-Platz

Heute ist die Felsenreitschule mit ihrer eindrucksvollen dreigeschossigen Arkadenreihe vor der Felswand des Mönchsbergs als einer der Schauplätze der Salzburger Festspiele nicht mehr wegzudenken. Entstanden ist der Bau 1606/07 im Auftrag von Erzbischof Wolf Dietrich von Raitenau als Hofmarstall für etwa 130 Pferde, 1662 wurde er stark erweitert und besaß nun ungewöhnlicherweise zwei Reitschulen, die Sommer- und die Winterreitschule. Schon damals wurden sie genutzt als Veranstaltungsort für Reitvorführungen und Tierhatzen, im 19. Jh. diente der Komplex als Kavalleriekaserne. 1926 – ein Jahr nach dem Umbau der Winterreitschule durch Eduard Hüttner und deren architektonische Anbindung an das Kleine Festspielhaus (heute Haus für Mozart, s. u.) – unternahm Max Reinhardt erstmals den Versuch, eine Aufführung der Salzburger Festpiele in der Felsenreitschule zu zeigen.

Die einstige Winterreitschule fungiert inzwischen unter dem Namen **Karl-Böhm-Saal** als Pausenraum, ihr riesiges, ungefähr 600 m² großes *Deckenfresko* stammt von Johann Michael Rottmayr und Christoph Lederwasch (1690). Es zeigt die höfische Lustbarkeit des sog. Türkenstechens, ein munteres Reiterspiel in antikisierender Tracht mit Anspielung auf die Türkenkriege.

Wohl nach der Idee Fischer von Erlachs sind die Galerien der Sommerreitschule in die steil aufragenden Wände eines ehem. Steinbruchs am Mönchsberg gegraben. Diese früheren Zuschauerarkaden dienen heute als imposante Kulisse. Bei der Umgestaltung 1968–70 wurde der Zuschauerraum überdacht und die eigentliche Felsenreitschule kann seitdem bei Regen innerhalb weniger Minuten mit einer Plane abgedeckt werden

Fischer von Erlach entwarf auch die 1693/94 entstandene monumentale, palastartige **Fassade** an der nördlichen Schmalseite. Das *Triumphportal* aus Marmor mit dem Waffenfries wird von Atlanten auf Hermenpilastern gerahmt. Sie tragen mit schmerzverzerrtem Gesicht das Gebälk. Einhörner mit den Personifikationen Europas und Asiens erinnern an

Papageno und Pamina in Mozarts ›Zauberflöte‹ in Pierre Audis Inszenierung von 2006

Ganz Salzburg eine Bühne – die Festspiele

Wie schon **Max Reinhardt** zutreffend sagte, gibt es keinen glücklicheren und natürlicheren Gedanken, als in Salzburg Festspiele zu veranstalten. Die Salzburger Bürgerschaft hatte bis weit ins 19. Jh. hinein wenig Mitspracherecht, was die Belange ihrer Stadt betraf. Dafür ging es ihnen ansonsten nicht schlecht: Die Fürstbischöfe waren keine despotischen Herrscher. Um das Volk bei Laune zu halten, wurde einige Unterhaltung geboten. Dazu gehörten vor allem **religiöse Feste**, die mit wahrhaft theatralischer Pracht inszeniert wurden und häufig tagelang dauerten. Und die Salzburger waren nicht nur Zuschauer, sie nahmen selbst an den aufwendigen Spektakeln teil. Dabei zeigte sich ihre ausgesprochen komödiantische Ader.

Diese festlichen Ereignisse, für die selbst die üppig dimensionierten Salzburger Kirchen zu klein waren, fanden meist unter freiem Himmel statt und bezogen die ganze Stadt als Kulisse mit ein. Da traf es sich gut, dass **Erzbischof Wolf Dietrich von Raitenau** gegen Ende des 16. Jh. großzügige Platzanlagen schaffen ließ, auf denen die überwältigenden Gesamtkunstwerke inszeniert werden konnten.

Ihren Höhepunkt fanden diese Feste im **Barock**, im 17. und 18. Jh. Erst der aufklärerische **Fürstbischof Colloredo**, der auch als Intimfeind Mozarts in die Geschichte eingegangen ist, schränkte Ende des 18. Jh. dieses mehr weltliche als religiöse Treiben stark ein. Dadurch allerdings verscherzte er sich bei der Salzburger Bevölkerung seine sowieso nur spärlich vorhandenen Sympathien.

Reanimiert wurden die Festspiele in der inzwischen politisch zur Provinz abgesunkene Stadt erst durch den **Kunstrat**, zu dem sich 1917 Franz Schakl, Richard Strauss, Max Reinhardt, Hugo von Hofmannsthal und der Bühnenbildner Alfred Roller zusammenfanden. Grundidee der Festspiele war die **›Stadt als Szene‹**, d. h. die Einheit von Bühne und Zuschauerraum, der Verschmelzung von Spielern und Zuschauern sowie der Beteiligung von Zuschauern und Laien. Hier verbanden sich die Tradition mittelalterlicher Mysterienspiele und das Barockdrama mit den neuen Formen expressionistischen Theaters.

Am 22. August 1920 wurde die Idee mit der Aufführung von **Hofmannsthals ›Jedermann‹** auf dem Domplatz verwirklicht. Später folgten die Einbeziehung der Kollegienkirche und die Felsenreitschule im Festspielbezirk. Die Werke von **Richard Strauss** begründeten die Tradition der **Opernfestspiele**. Und so war es auch kein Zufall, dass **Herbert von Karajan** (1908–1989) das Große Festspielhaus 1960 mit dem **›Rosenkavalier‹** eröffnete – gegen den Widerstand der eingeschworenen Mozartgemeinde. Der gebürtige Salzburger Karajan prägte die Festspiele fortan über Jahrzehnte hinweg bis zu seinem Tod.

Eine neue Ära begann unter dem Festspielintendanten **Gérard Mortier**. 1991–2001 setzte der Belgier mit zeitgenössischer Musik moderne Akzente und in Zusammenarbeit mit Schauspielchef **Peter Stein** (bis 1997) verschaffte er dem Sprechtheater wieder größere Bedeutung. Seit 2012 hat Alexander Pererira die Intendanz bei den Festpielen inne.

Tickets: Herbert-von-Karajan-Platz 11, Tel. (00 43) 66 28 04 55 00, www.salzburgerfestspiele.at

die Verdienste Salzburger Reiter im Türkenkrieg (1683). Darüber, in die kolossale Pilastergliederung der Wand eingefügt, befindet sich ein kleines Ehrenportal mit einer Rundbogennische zwischen doppelten Hermenpilastern hinter einem geschwungenen Balkon.

42 Großes Festspielhaus

TOP TIPP *Im Rahmen der Festspiele repräsentativer Aufführungsort großer Opern.*

Hofstallgasse 1
Tel. 06 62/804 50
www.salzburgfestival.at
Führungen: Okt.–Mai tgl. 14,
Juni, Sept. tgl. 14 und 15.30,
Juli/Aug. tgl. 9.30, 14 und 15.30 Uhr
Bus 1, 4, 8, 10, 22
bis Herbert-von-Karajan-Platz

Hierher strömt alljährlich ein bunt gemischtes und erlauchtes Publikum, um sich am musikalischen Geschehen auf der großen Hauptbühne, der größten der Welt, zu erfreuen.

Zwischen 1956 und 1960 wurde das **Gebäude** von Clemens Holzmeister, der sich schon in den 1920er-Jahren als Baumeister des Kleinen Festspielhauses profiliert hatte, errichtet. Für das speziell als Festspielhaus konzipierte Gebäude konnte die ursprüngliche Fassade des Hofmarstalls ziemlich unverändert beibehalten werden. Sie schmückt nun die pathetische Widmung SACRA CAMENAE DOMUS / CONCITIS CARMINE PATET / QUO NOS ATTONITOS / NUMEN AD AURA FERAT (Der Muse heiliges Haus steht Kunstbegeisterten offen, als Entflammte empor trage uns göttliche Macht).

Der frühere Marstall wurde zum Pausenraum umgebaut. An seinen ursprünglichen Zweck erinnern noch Bodenmosaiken mit Pferdeköpfen.

Die Bronzegriffe der Eingangstore stammen von Toni Schneider-Manzell. Der kostbare Gobelin mit *Amor und Psyche* im Zugang zu den Logenplätzen im ersten Geschoss wurde nach einem Entwurf Oskar Kokoschkas in mehr als 1600 Farbtönen gewebt.

43 Haus für Mozart

TOP TIPP *Die barocke Winterreitschule einbeziehend, dient diese Festspielbühne der Aufführung kleiner Opern und dem Schauspiel.*

Hofstallgasse 1
Tel. 06 62/804 50
www.salzburgfestival.at
Führungen: Okt.–Mai tgl. 14,
Juni, Sept. tgl. 14 und 15.30,
Juli/Aug. tgl. 9.30, 14 und 15.30 Uhr
Bus 1, 4, 8, 10, 22
bis Herbert-von-Karajan-Platz

Das Haus für Mozart zeichnet sich durch seine moderne, von kubischen Formen bestimmte Fassade aus. Sie schließt sich

Opernspektakel in der Felsenreitschule: eine Inszenierung von Joseph Haydns ›Armida‹

Im Großen Festspielhaus dreht sich alles um die Kunst der Musik

zwanglos an die Front des Großen Festspielhauses an und wurde dem Kleinen Festspielhaus 2006 vorgeblendet. Clemens Holzmeister hatte es 1926 errichtet.

Im quadratischen Faistauer-Foyer sind eindrucksvolle Fresken von Anton Faistauer (1926) zu sehen. Die theatralischen Darstellungen aus der antiken Sagenwelt, der Schauspielgeschichte sowie der Bibel hatten die Nationalsozialisten als ›entartete Kunst‹ entfernt und teilweise zerstört – erst seit 2006 sind sie wieder in ihrer ursprünglichen Schönheit zu sehen.

Das *Hauptfoyer* fasziniert durch seine Lichtarchitektur mit Ausblicken auf die Stadtsilhouette und einer 17m hohen Lamellenwand, durch deren Öffnungen ein aus Swarovski-Kristallen geschaffener Mozartkopf erkennbar ist. Ein Besuchermagnet ist auch die Festspiellounge auf dem Dach, deren Namen *SalzburgKulisse* für sich spricht.

44 Siegmundstor

Auch Neutor genannt. Der 123 m lange und 12 m breite Tunnel durch die schmalste Stelle des Mönchsberges war ein technisches Bravourstück der Barockzeit.

Neutorstraße
Bus 1, 4, 8, 10, 22
bis Herbert-von-Karajan-Platz

Schon in früheren Zeiten war ein Durchbruch durch den Mönchsberg erwogen worden, um die Stadt auch von Südwesten her zugänglich zu machen. Aber erst der Ingenieur Elias von Geyer verwirklichte 1764 unter Erzbischof Sigismund III. Schrattenbach den Plan. Wegen der Licht-

verhältnisse steigt der Stollen stadtauswärts, zum Stadtteil Riedenburg hin, leicht an. Der Höhenunterschied von 10 m bewirkt eine Brechung der Lichtstrahlen.

Die skulptierten **Portale** schufen die Brüder Wolfgang und Johann Baptist Hagenauer im Jahre 1767. Berühmt und fast zum Motto für die Stadt geworden ist die *Inschrift* in dem Porträtmedaillon, welches der Erzbischof zu seinem Ruhm an der Stadtseite des Tores anbringen ließ: TE SAXA LOQUUNTUR (Dich rühmen die Steine), eine Anspielung auf die Bibelstelle Lukas 19,40.

Das Portal zur Riedenburger Seite hin ist von geborstenen Obelisken flankiert. In der Rundbogennische steht der *hl. Sigismund* mit dem Schrattenbach-

Rechts: *Während der Nazizeit als ›entartet‹ verfemt: Anton Faistauers expressionistische Fresken (1926) im Foyer des Hauses für Mozart*
Unten: *Große Bühne für prominente Gäste – erwartungsvolles Publikum vor dem Haus für Mozart*

Wappen, König der Burgunder und Namenspatron des Erzbischofs, umgeben von Kriegstrophäen. Noch heute stellt das Neutor die einzige Zufahrtsmöglichkeit von der Mönchsbergseite in die Innenstadt dar.

45 Pferdeschwemme

Barocke Pferdeschwemme des erzbischöflichen Marstalls.

Herbert-von-Karajan-Platz
Bus 1, 4, 8, 10, 22

Still am Rande des betriebsamen Platzes fügt sich die grandiose Brunnenanlage der **Pferdeschwemme** in die Felswand der Mönchsbergs. Anders als ihr heutiges Erscheinungsbild verrät, hatte Fischer von Erlach die Pferdeschwemme Ende des 17. Jh. in Verbindung zur Fassade der Felsenreitschule, des ehem. Hofmarstalls, errichtet. Die heftig bewegte ›Rossebändigergruppe‹ von Michael Bernhard Mandl (1695) stand in einer Achse mit dem Portal. Unter Erzbischof Leopold Anton Firmian wurde die Schwemme 1732 von Franz Anton Danreiter restauriert und um 90 Grad gedreht, auf einen neuen Sockel gestellt, mit einer zierlichen Balustrade eingefasst und so aus dem optischen Zusammenhang mit dem Hofmarstall gelöst.

Die bemalte Kulissenwand gibt der dramatisch-bewegten Szene etwas Theatralisches. In den ursprünglich von Josef Ebner geschaffenen, jedoch nicht mehr originalen *Pferdebildern* werden (nach dem Stichwerk des Stradanus ›Equite seu speculum equorium ...‹) die Temperamente der verschiedenen Pferderassen anschaulich dargestellt. Die *Rossebändigergruppe* Mandls verweist symbolhaft auf den Herrscher als Bändi-

Theatralisch inszeniert: Pferdeschwemme mit Rossebändigergruppe von Michael Bernhard Mandl, 1695

ger des Staates. Die mythologische Skulpturengruppe in der Mitte stellt den stürzenden Bellerophontes bei dem Versuch dar, den Olymp auf dem Rücken des Pegasus zu erreichen: eine Mahnung, nicht überheblich zu werden und das rechte Maß nicht zu verlieren.

46 Spielzeug Museum

Österreichs größte Sammlung zur Geschichte des Spielzeugs.

Bürgerspitalgasse 2
Tel. 06 62/620 80 83 00
Di–So 9–17 Uhr
www.spielzeugmuseum.at
Bus 1, 4, 8, 10, 22
bis Herbert-von-Karajan-Platz

Durch einen der schönsten Renaissance-Arkadenhöfe Österreichs betritt man das Spielzeugmuseum. Untergebracht ist es im 1327 für die Pflege und Versorgung Alter und Kranker von Erzbischof Fried-

An den detailfreudigen Puppenzimmern im Spielzeug Museum hat jeder Freude

rich III. von Leibnitz errichteten Bürgerspital. Mit seiner glatten Fassade und dem verdeckten Dach stellt es ein typisches Beispiel Altsalzburger Architektur dar.

Für die Baugeschichte werden sich all die Kinder, die das Spielzeugmuseum besuchen, freilich nur am Rande interessieren. Sie begeistern sich eher für das Mobile, die Kugelbahnen und Holzbausteine im Erdgeschoss. Wie im ganzen Haus dürfen Klein und Groß stets selbst Hand anlegen.

Im Ersten Stock folgen die Klassiker unter den Spielwaren: Teddys, Puppen, und eine Carrerabahn sorgen für Unterhaltung. Auf letzterer wird zwei Mal wöchentlich der Große Preis von Salzburg (Di/Do 15–16 und Sa 10–12 Uhr). Für die Großen interessant sind die historischen Puppen, die in Schauvitrinen gezeigt werden. Wie Gulliver fühlt man sich im begehbaren Puppenhaus. Kinder wiederum erfreuen sich am Kaufmannsladen. Auch ein Kino für Kinder- und Jugendfilme gibt es, ebenso einen Theaterraum

Eltern, die Salzburg auf eigene Faust erkunden wollen, können ihre Kinder zu einer spielerischen Führung anmelden.

47 Bürgerspitalkirche

Direkt an den steilen Mönchsbergfelsen gebaute, älteste Hallenkirche im süddeutschen und westösterreichischen Raum.

Bürgerspitalplatz
Bus 1, 4, 8, 22 bis Mönchsbergaufzug

Die gotische Bürgerspitalkirche wurde um 1330 als Nachfolgebau einer schon im Jahre 1185 urkundlich erwähnten Kapelle der Admonter Benediktiner errichtet. Der Neubau folgte den Architekturidealen und Regeln der Bettelorden. So verzichtet der fast abweisend schlichte Hallenbau aus grobem Nagelfluhgestein auf einen Turm und begnügt sich mit dem zierlichen Dachreiter. Ursprünglich diente das Gotteshaus als Doppelkirche für Bürger und Spital und der Altar stand in der Mitte des Raumes. Später versammelten sich nur noch die Notleidenden aus dem benachbarten Spital [Nr. 46]. Das an der nördlichen Außenwand angebrachte frühbarocke *Sebastiansrelief* (Hans Konrad Asper, 1614–20) stammt vom 1894 abgerissenen Linzer Tor.

Das dreischiffige, siebenjochige **Innere** mit Kreuzrippengewölbe weist überschaubare Proportionen auf. Die weit ins Kirchenschiff ragende *Westempore* wurde im 15. Jh. für die Kranken des Armenasyls eingerichtet. Der Reformeifer Erzbischof Colloredos richtete sich nicht nur gegen aufwendige Gottesdienste und Prozessionen, sondern auch gegen Prunk und die Kunst des Barock im Allgemeinen. So ließ er 1785 die originale Ausstattung der Kirche größtenteils ersetzen. Spätbarock ist noch die ›Anbetung der Heiligen Drei Könige‹ von Paul Troger (1746) auf dem Dreikönigsaltar im südlichen Seitenschiff sowie das schmiedeeiserne *Vorhallengitter* (1749). Der *Hochaltar* jedoch sowie die Figuren Johannes des Täufers und Johannes des Evangelisten (Anton Pfaffinger, 1785) sind – dem Geschmack des Erzbischofs entsprechend – klassizistisch.

Ein wirkliches Kleinod mittelalterlichen Kunsthandwerks stellt das *›Heilige Grab‹* links vom Hochaltar dar, ein zierlich geschnitzter Sakramentsschrein in Form einer gotischen Kirche, der um das Jahr 1480 entstand. Die vier Reliefs in den Seitenfeldern der Staffel werden dem Meister von Mauterndorf zugeschrieben. Sie zeigen halbfigurige Darstellungen der Frauen am Grabe.

Sakramentsschrein, um 1480, in der Blasius- oder Bürgerspitalkirche

48 Haus der Natur

TOP TIPP

Eines der wichtigsten Naturkundemuseen Europas und dank seines ambitionierten Konzepts eines der originellsten.

Museumsplatz 5
Tel. 06 62/842 65 30
www.hausdernatur.at
tgl. 9–17 Uhr
Bus 1, 4, 8, 22 bis Mönchsbergaufzug

Das Naturkundemuseum entpuppt sich als reich ausgestatteter **Erlebnispark**, verteilt auf zwei Gebäude, vier Stockwerke und acht Ausstellungsebenen. Einen großen Auftritt haben gleich zu Beginn des Rundgangs die Riesen der Vorzeit: In der *Saurierhalle* tummeln sich Tyrannosaurus Rex und andere ›Scharfzähne‹, daneben sind das Skelett eines Fischsauriers mit zwei Embryonen im Mutterleib oder ein versteinertes Saurier-Ei ausgestellt. Noch lebende Exemplare der Tierwelt präsentieren der *Reptilienzoo*, die *Insektenschau* sowie das *Aquarium* mit dem 60 000-Liter-Korallenriffbecken. Besondere Attraktionen sind hier die Fütterungen der Haie,

Gigantische Attraktion für jung und alt: die Dinosaurier im Haus der Natur

Schützenfische und Piranhas (Mo, Do 10.30 Uhr). Moderne *Dioramen* von Landschaften und Lebensräumen aus aller Welt, Riesenbergkristalle sowie ein *Biolabor* dokumentieren die Wunder der Natur und Erkenntnisse der Naturwissenschaften. Ein weiterer Besuchermagnet ist die *Weltraumhalle* mit Modellen verschiedener Raumfahrzeuge und der Computeranimation eines verheerenden Meteoriteneinschlags. Das *Science Center* lockt kleine und junge Forscher mit Experimenten zum Mitmachen.

Ganz in der Nähe, auf dem Anton-Neumayr-Platz, steht einer der vielen Brunnen Salzburgs: der **Marienbrunnen**. Über seinem sechseckigen Becken erhebt sich die im Jahr 1692 von Hans Schwälbl geschaffene volkstümliche Madonna, die das Gstättenviertel nach dem Unglück vom 16. Juli 1669 vor weiteren Bergstürzen schützen sollte.

49 Markuskirche

Bedeutende Barockkirche nach Entwürfen des genialen Baumeisters Fischer von Erlach.

Gstättengasse/Ursulinenplatz
Bus 1, 4, 8, 22 bis Mönchsbergaufzug

Wie ein Kuchenstück ist die Markuskirche in die Straßengabelung eingepasst. Sie entstand als Nachfolgebau der 1616–18 errichteten Kirche, die bei dem furchtbaren Bergsturz am 16. Juli 1669 von den Felsmassen zerstört worden war.

Ungewöhnlich und kreativ ist die aus Platznot ersonnene architektonische Lösung Fischer von Erlachs, die **Türme** an die Längsseiten der 1699–1705 fertig gestellten Kirche zu rücken und so gleichzeitig die Verbindung zum Ursulinenkloster zu schaffen – jenes Gebäude, in dem heute das Haus der Natur [s.o.] beheimatet ist. Im Gegensatz zu den italienisch-verspielt wirkenden Türmen, deren Verwandtschaft mit denen des römischen Barockarchitekten Borromini unübersehbar ist, mutet die dreiachsige **Fassadengliederung** – eine Variation der Kollegienkirche – mit grauen Kolossalpilastern eher streng an. Frei auf dem **Giebel** stehen die Kirchenheiligen Ursula, Markus und Augustinus.

Beachtenswert sind die vier hölzernen Heiligenfiguren in der Vorhalle (1700). Der hohe zentralraumartige **Innenraum** mit umlaufendem Gebälk überrascht durch die großzügige und üppige Stuckierung. Über der Vierung wölbt sich eine flache Kuppel. Die Entwürfe für Kanzel, Orgelempore, Hochaltar und Seitenaltar stammen von Fischer von Erlach, die frisch wirkenden Fresken in zarten Farben von Christoph Anton Mayr aus Schwaz (1756).

Die **Kuppel** öffnet sich zu einem illusionistischen Himmel: Im Zentrum steht erhaben ›Gottvater in der Glorie‹, darunter empfangen Christus und Maria die hl. Ursula, in den Zwickeln sind die vier lateinischen Kirchenväter Gregor, Ambrosius, Augustinus und Hieronymus zu erkennen, in der Tonnenwölbung zur Orgel hin sieht man die hl. Cäcilie und im Chorraum das Auge Gottes in der Glorie.

Seit Juli 2005 besitzt der Ursulinenplatz vor der Markuskirche einen neuen Blickfang: die von *Markus Lüperz* geschaffene Skulptur **›Hommage an Mozart‹**, eine weiß geschminkte, 3 m hohe weibliche Bronzeskulptur mit grellroten Lippen. Sie ist die vierte von insgesamt zehn Kunstwerken im öffentlichen Raum, gestiftet von der *Salzburg Foundation* [s. u.].

In den unmittelbar an die Kirche angrenzenden Grünanlagen am Franz-Josef-Kai, Richtung Salzach, steht der **Salzachweibchen-Brunnen**. Er beweist heute eindeutig: Ganz so prüde, wie oft be-

Mit seiner ›Hommage an Mozart‹ provozierte Markus Lüpertz 2005 heftige Debatten

Kunstprojekte Salzburg

Die Privatinitiative *Salzburg Foundation* (www.salzburgfoundation.at) bittet im Rahmen der Kunstprojekte Salzburg 2002–2011 jährlich einen namhaften Künstler, eine Skulptur im öffentlichen Raum zu realisieren. Mehr über die Bedeutung der Arbeiten erfährt man beim zweistündigen Rundgang **›walk of modern art‹** (jeden 1. Sa im Monat, mit Anmeldung, Tel. 0664/4968011).

2002 schuf Anselm Kiefer im Furtwänglerpark die begehbare Installation **›A.E.I.O.U.‹**: Das Haus birgt eine Stellage mit 60 Bleibüchern, aus denen Dornenzweige ragen, und das Gemälde ›Wach im Zigeunerlager‹. Thema des Künstlers ist die Flüchtigkeit der Zeit.

2003 installierte der Italiener Mario Merz auf dem Mönchsberg **›Ziffern im Wald‹**. Auf zwölf gebogenen, 7 m hohen Edelstahlrohren leuchten 21 Neonzahlen nachts über der Stadt.

2004 wählte Marina Abramovic für ihr Werk **›Spirit of Mozart‹** die zentrale Grünfläche am Nordende der Staatsbrücke. Sie stellte für Mozarts Geist einen 15 m hohen Sitz aus Edelstahl bereit, umgeben von sieben weiteren Stühlen für die Betrachter.

2005 sorgte Markus Lüpertz mit seiner **›Hommage an Mozart‹** auf dem Ursulinenplatz für Diskussionsstoff. Das 2,95 m hohe Bronzestandbild stellt eine nackte, geschminkte Frau dar.

2006 installierte der amerikanische Künstler James Turrell in einer Senke neben dem Museum der Moderne Mönchsberg seinen **›Sky-Space‹**, einen zylinderförmigen, oben offenen Raum. Von den Sitzflächen an den Innenwänden kann man in den Himmel blicken.

2007 stellte der Bildhauer Stephan Balkenhol auf dem Kapitelplatz seine Skulptur **›Sphaera‹** auf: Gelassen steht eine 2 m große männliche Figur auf einer 5 m hohen Goldkugel.

2008 bereicherte Anthony Cragg den Makartplatz mit der begehbaren Bronzeskulptur **›Caldera‹**, deren amorphe Gestalt als ›mentale Landschaft‹ zu verstehen ist. 2009 inszenierte Christian Boltanski mit **›Vanitas‹** ein von Zeitansagen begleitetes Schattenspiel in der Krypta des spätromanischen Doms.

2010 enthüllte der Katalane Jaume Plensa seine Skulptur **›Awilda‹**, einen monumentalen 5 m hohen Mädchenkopf aus weißem Marmor, in der Dietrichsruh der Salzburger Universität.

2011 beschlossen Werke von Brigitte Kowanz, Manfred Wakolbinger und Erwin Wurm das Projekt.

Himmlische Sphären eröffnen sich in der Kuppel der barocken Markuskirche

hauptet, kann das 19. Jh. nicht gewesen sein, denn die freizügig gekleidete Schöne mit dem Wasserkrug über einer Brunnenschale aus Untersberger Marmor ist eine Stiftung der Bürgerschaft und wurde am 1. Mai 1867 aufgestellt.

50 Gstättengasse

Schluchtartige Gasse mit teilweise direkt in den Mönchsberg hineingebauten Häusern.

Als ›Gstätten‹ bezeichnete man einstmals minderwertiges Land, das sich nicht zum Ackerbau eignete. Dies wird beim Anblick der Gstättengasse nur allzu verständlich: Beinahe unheimlich wirkt die als schmales Band entlang steil aufragender Bergfelsen in Richtung Mülln verlaufende Straße.

Das von einem Haus überbaute **Gstättentor** am Anfang der Gasse bezeichnete die mittelalterliche Stadtgrenze. Unter Erzbischof Markus Sittikus wurde es 1618 umgestaltet, vielleicht nach Plänen des Dombaumeisters Santino Solari.

Einen stimmungsvollen Abschluss am Platz vor der Markuskirche bietet das **Klausentor**. 1612 wurde es durch Erzbischof Markus Sittikus auf Kosten der Stadt mit zwei Wohngeschossen und einer Wachstube errichtet. Während die Stadtseite nur mit einem schlichten gequaderten Rundbogenportal geschmückt ist, weist die dem Besucher der Stadt entgegenblickende Seite ein rechteckiges Tor mit toskanischen Halbsäulen auf.

Der Salzachweibchen-Brunnen ziert die Grünfläche vor der an den Fels geschmiegten Fassade

Salzburg rechts der Salzach – die gar nicht so neue ›Neustadt‹

Hier, rechts der Salzach, lockt die großzügig-barocke ›Neustadt‹ mit dem reizenden Schloss Mirabell, seinem berühmten Garten und dem skurrilen Zwerglgarten. Atmosphärischen Kontrast bietet die Linzer Gasse: ein bisschen altmodisch – mit der Engel-Apotheke, wo Trakl arbeitete, und dem Sebastiansfriedhof, wo Mozarts Witwe ihre letzte Ruhestätte fand – und jugendlich, mit studentischem Flair in Straßencafés und Kneipentreffs. Gleich daneben liegt die malerisch-düstere Steingasse mit ihrem herben Charme. Wunderschöne Aussichten wie etwa von der Hettwer-Bastei eröffnet der Kapuzinerberg.

51 Steingasse

Barocke Bürgerhäuser zwischen Kapuzinerberg und Salzach.

Bus 1, 2, 3, 4, 5, 6, 20, 25, 28, 840 bis Makartplatz/Theatergasse

Die Steingasse gräbt sich auf der einen Seite in tief in den Kapuzinerberg hinein. Mit ihren geschlossenen Häuserzeilen ist sie ein fast vollständig erhaltenes Beispiel für das bürgerlichen Salzburg aus Mittelalter und Barock. In der Gasse finden sich einige Lokale, die beliebte abendliche Treffpunkte für Nachtschwärmer sind. Eine urige Einkehr ist zum Beispiel die *Andreas Hofer Weinstube* (Nr. 65). Eine der schönsten Locations der Stadt ist die Dachterrasse auf dem Hotel Stein am Giselakai unterhalb der Steingasse. Von ihr blickt man über Salzach und Dom hinweg hinüber zur Festung Hohensalzburg.

Folgt man der Steingasse stadtauswärts, so kommt man zum **Inneren Steintor**. Seit Erzbischof Paris Lodron es 1634 umbauen ließ, trägt es sein Wappen. Im **Haus Steingasse Nr. 9** wurde am 11. Februar 1792 Joseph Mohr geboren, der 1818 als Vikar im romantischen Hintersee den Text zu dem inzwischen weltbekannten Weihnachtslied ›Stille Nacht, Heilige Nacht‹ schrieb. Das **Färberhaus** (Haus Nr. 18) weist noch ein altes Portal von 1568 auf, **Haus Nr. 46** ein schönes Wappenportal.

52 Kapuzinerberg

TOP TIPP

Die früher Imberg genannte Erhebung bietet bequeme Spazierwege und malerische Aussichtspunkte.

Bus 1, 2, 3, 4, 5, 6, 20, 25, 28, 840 bis Makartplatz/Theatergasse

Im Gegensatz zum Festungs- und zum Mönchsberg muss der Besucher den Kapuzinerberg mit eigener Kraft erklimmen. Der Kapuzinerberg gehört zu den höheren Salzburger Bergen und ist Teil der nördlichen Randberge der Kalkalpen.

Nur keine Müdigkeit vorschützen: Steil ist der Aufstieg zwar zum Kapuzinerkloster auf dem Kapuzinerberg, aber er wird belohnt mit einer traumhaften Aussicht

Seinen Namen verdankt er dem Kapuzinerkloster [Nr. 54] an seiner Ostflanke. Mehrere aussichtsreiche Spazierwege erschließen ihn.

Einer von ihnen beginnt an der Franziskuspforte in der Linzer Gasse 14. Unter dem Wappen von Erzbischof Markus Sittikus und einem Franziskus-Relief von 1617 hindurch kommt man zum steilen, aber trotzdem empfehlenswerten **Stefan-Zweig-Weg**. Der auch Prügelweg genannte Aufstieg führt durch die Felixpforte, die 1632 als Teil der Lodronschen Stadtbefestigung errichtet wurde, an 13 Kreuzwegkapellen (1736–44) vorbei. Unterwegs passiert man auch das **Paschinger Schlössl** (Kapuzinerberg 5, nicht öffentlich zugänglich), in dem der Dichter Stefan Zweig (1881–1942) von 1919 bis 1934 wohnte. Während dieser Zeit war das Paschinger Schlössl ein Treffpunkt der Kulturszene. Zu den Gästen zählten Thomas Mann und James Joyce. Das Stefan-Zweig-Centre [s. S. 103] auf dem Mönchsberg widmet sich Leben und Werk des Schriftstellers. Das Schlössl ist fast blickdicht von Strauchwerk und Bäumen eingewachsen und seit Jahren in Privatbesitz. Nur im Winter, wenn das Laub gefallen ist, kann man es ausmachen.

Den Abschluss des Kreuzwegs bildet eine *Kreuzigungsgruppe* von Franz Hitzl (1780). Folgt man anschließen dem Stefan-Zweig-Weg bis zum Ende, so gelangt man zum *Wiazhaus im Franziskischlössl* [Nr. 55]. Es ist ein ausgezeichneten Ziel für einen Spaziergang. Für den Rückweg empfiehlt sich der Basteiweg, der Lodrons Wälle am Kapuzinerberg begleitet.

Und sogar klettern kann man am Kapuzinerberg: Folgt man der Linzer Gasse [Nr. 57] stadtauswärts und zweigt in die Glockengasse ab, so kommt man zum **City Wall** (Glockengasse 4c, Tel. 06 62/ 84 92 91, www.akzente.net, März–Juni geschl., nur auf Anmeldung). Dieser Steig führt durch die Nordwand des Berges und ist eher etwas für geübte Kletterer.

53 St. Johann am Imberg

Romantisch am steilen Kapuzinerberg gelegene Barockkirche.

Kapuzinerberg
Bus 1, 2, 3, 4, 5, 6, 20, 25, 28, 840
bis Makartplatz/Theatergasse

Die zum Kapuzinerkloster führende Imbergstiege zweigt von der Steingasse ab. Die Stiege führt an der kleinen, an den Felshang geschmiegten Kirche St. Johann am Imberg vorbei. Urkundlich zum ersten Mal 1319 erwähnt, wurde sie 1681 unter Erzbischof Max Gandolf neu erbaut. Die Ausstattung stammt aus dem 18. Jh.

Trutzig und doch charmant: Franziskischlössl auf dem Kapuzinerberg

54 Kapuzinerkloster

Die am gleichnamigen Stadtberg gelegene Klosteranlage setzt einen pittoresken städtebaulichen Akzent.

Kapuzinerberg
www.kapuziner.org
Bus 1, 2, 3, 4, 5, 6, 20, 25, 28, 840
bis Makartplatz/Theatergasse

Folgt man der Imbergstiege von der Kirche St. Johann am Imberg [Nr. 53] weiter nach oben, so kommt man bald zum Kapuzinerkloster. Erzbischof Wolf Dietrich von Raitenau hatte die Kapuziner 1594 nach Salzburg gerufen, 1599–1602 wurde das sog. Trompeterschlösschen zu einer Klosteranlage umgebaut. Die geschnitzte gotische *Kirchentür* der schlichten **Saalkirche** mit zwölf Brustbildern von Heiligen ist eines der wenigen erhaltenen Ausstattungsstücke aus dem alten Salzburger Dom. Auf einem der Spruchbänder ist das Entstehungsdatum der Holztür – 1450 – zu lesen.

55 Franziskischlössl

Beliebtes Spazierziel mit Jausenstation.

Kapuzinerberg 9
Tel. 06 62/87 25 95
www.franziskischloessl.at
Bus 1, 2, 3, 4, 5, 6, 20, 25, 28, 840
bis Makartplatz/Theatergasse oder
Bus 6, 7, 20 bis Volksgarten

Nach dem Kapuzinerkloster geht der Spazierweg weiter zum Franziskischlössl mit seinem netten **Wirtshaus.** Der schlichte, wehrhafte Bau wurde von Erzbischof Paris Lodron 1629 als Unterkunft für die Soldaten gebaut, die auf der von ihm auf dem Kapuzinerberg angelegten Befestigung und Bastei [Nr. 56] Dienst taten. Seit Mitte des 19. Jh. werden hier Gäste bewirtet. Von seiner Terrasse blickt man hinüber zum Gaisberg, aufgetischt wird Österreicherische Hausmannskost.

56 Hettwer-Bastei

TOP TIPP

Aussichtskanzel mit Panoramablick auf Salzburg.

Kapuzinerberg
Bus 1, 2, 3, 4, 5, 6, 20, 25, 28, 840
bis Makartplatz/Theatergasse

Am Südrand des Kapuzinerbergs verläuft eine 1,5 km lange Wehrmauer, gesäumt von Wachtürmchen und Basteien. Sie ist Teil der unter Erzbischof Paris Lodron zur Zeit des Dreißigjährigen Kriegs im 17. Jh. errichteten Befestigungsanlagen. Den schönsten Blick auf Salzburg bietet die **Aussichtskanzel** der Hettwer-Bastei unterhalb vom Kapuzinerkloster. Von hier lässt sich in einem Halbrund das ganze **Panorama** der Stadt erfassen: über das Kirchlein St. Johann am Imberg [Nr. 54] und die Steingasse [Nr. 51] wandert der Blick über die Salzach zur Altstadt mit den Türmen von Dom, St. Peter, Kollegien-und Franziskanerkirche.

Gerahmt wird das Ganze von den geschlossenen Reihen der Salzburger Bürgerhäuser, die mit ihren **Grabendächern** eine architektonische Besonderheit aufweisen: Seit dem 16. Jh. hat sich diese Dachform aus Brandschutzgründen eingebürgert. Die Mauer zog man über den

Dachfirst, und des besseren Wasserabflusses wegen wurden mehrere kleine Satteldächer quer zur Fassade gestellt. Während so von der Straße aus überhaupt kein Dach zu sehen ist, erkennt man erst aus der Höhe die interessanten Dachfaltungen.

57 Linzer Gasse

TOP TIPP

Adrette Läden, Szenekneipen und Straßencafés laden zum Bummeln und Verweilen ein.

Bus 1, 2, 3, 4, 5, 6, 20, 25, 28, 840
bis Makartplatz/Theatergasse

Die Linzer Gasse mit ihren hübschen Geschäften ist das Gegenstück zur Getreidegasse am anderen Salzachufer, allerdings weniger spektakulär und trubelig. Ihr eher jugendliches Flair wird von Szenekneipen und kleinen Cafés geprägt, die beliebte Treffpunkte der Studenten sind. In der *Engel-Apotheke* (Haus Nr. 7) arbeitete Georg Trakl einige Jahre als Praktikant »fleißig und anstellig«. Hier nahm wahrscheinlich seine Kokainsucht ihren Anfang.

58 Sebastianskirche

Spätbarocke Kirche, deren elegant geschwungenen Turm eine Zwiebelhaube krönt.

Linzer Gasse 41
Tel. 06 62/87 52 08
tgl. 9–16, im Sommer bis 18.30 Uhr
Bus 1, 2, 3, 4, 5, 6, 20, 25, 28, 840
bis Makartplatz/Theatergasse

Ein von schwungvollen Barockformen gerahmtes **Portal**, das Josef Anton Pfaf-

Beschauliches Revier für Sommerabendflaneure: Linzer Gasse mit Sebastianskirche

finger nach einem Entwurf Franz Anton Danreiters 1754 schuf (siehe Inschrift in der Kartusche über dem Portal), markiert den südlichen Eingang der Kirche an der Linzer Gasse. Flankiert von ungewöhnlichen Engelshermen als Karyatiden gelangen Besucher in den Kirchenraum.

Von der **Ausstattung** blieb nach einem Brand im Jahr 1818 wenig erhalten, darunter das schmiedeeiserne *Gitter*, ein Meisterwerk von Philipp Hinterseer (1752), und die lieblich-strenge *Holzplastik* der Madonna mit Kind von Hans Waldburger (1610), die sich heute auf dem Hochaltar befindet. Die barocken *Seitenaltäre* wurden teilweise im 19. Jh. überarbeitet, die verbrannten Barockbilder durch Werke von Franz Nikolaus Streicher, Johann Michael Sattler und Sebastian Stief ersetzt.

Im Vorraum erinnert eine Marmortafel an **Paracelsus** (1494–1541). Die Inschrift bedauert in einer Mischung aus Ehrfurcht und Fatalismus das frühe Dahinscheiden des Gelehrten, aber gegen den Tod sei kein Kraut gewachsen, und auch berühmte Ärzte müssten sterben. Paracelsus lebte in seinem Todesjahr, 1541, in Salzburg. Auf sein *Wohnhaus* ›Platzl Nr. 3‹ – am Beginn der Linzer Gasse – weisen eine Gedenktafel und sein Bildnis hin. Sein *Grab* findet sich auf dem angrenzenden Sebastiansfriedhof.

Letzte Ruhestätte von Constanze Nissen (verw. Mozart), Leopold Mozart und Genoveva Weber (Mutter Carl Maria von Webers und Tante Constanzes) auf dem Sebastiansfriedhof

59 Sebastiansfriedhof

TOP TIPP

Friedhofsanlage in der Art eines italienischen Campo Santo mit Grabdenkmälern bekannter Salzburger.

Sebastianskirche/Linzer Gasse 41
Tel. 06 62/87 52 08
tgl. 9–16, im Sommer bis 18.30 Uhr
im Winter Zugang zum Friedhof nur vom Bruderhof
Bus 1, 2, 3, 4, 5, 6, 20, 25, 28, 840 bis Makartplatz/Theatergasse

Beliebtes Besucherziel ist der Sebastiansfriedhof vor allem wegen der Gräber der Familie Mozarts. Interessant ist er außerdem als historisches Ensemble, denn er versammelt Grabdenkmäler und Epitaphien des frühen 17. Jh. bis zur Mitte des 19. Jh. Seine heutige Gestalt verdankt der bereits seit 1511 bestehende Gottesacker der Umgestaltung durch Erzbischof Wolf Dietrich von Raitenau. Er benötigte Ersatz für den Domfriedhof, der durch den Neubau des Doms um 1610 aufgelassen werden musste. Vorbild für die nördlich der Alpen höchst ungewöhnliche quadratische Anlage mit 84 *Arkadenbögen* waren italienische Friedhöfe wie der Campo Santo in Pisa.

Die **Gräber** von *Constanze Mozart*, die nach dem Tod ihres Gatten Wolfgang Amadeus den dänischen Legationsrat von Nissen geheiratet hatte, und von Mozarts Vater *Leopold* stehen im Friedhofsfeld, nahe beim Ostflügel. In der 10. Nische der Westarkade befindet sich das mit einer Porträtbüste geschmückte Epitaph von *Elia Castello* (gest. 1602), der als Architekt und Stuckateur bei den großen Bauvorhaben Erzbischof Wolf Dietrichs mitgearbeitet hatte. Auch der Arzt und Naturforscher *Paracelsus* (gest. 1541), mit richtigem Namen Theophrastus Bombastus von Hohenheim, fand hier seine letzte Ruhestätte. Sein ganzheitlicher Ansatz bei der Heilung von Krankheiten überdauerte bis heute, seine Heilmethoden sind jedoch weitgehend überholt. Im Verbindungsgang zwischen Kirche und Friedhof wurde seine Grabplatte mit Inschriften 1752 in ein obeliskenförmiges Monument integriert. Die Gebeine des verehrten Heilkundigen sind hinter dem Bildnismedaillon beigesetzt.

Gegenüber befindet sich der Eingang zu der 1684 erbauten winzigen **Philipp-Neri-Kapelle**, der ersten Ovalkapelle Salzburgs und damit in gewisser Weise ein Vorläuferbau der Kirchen Zuccallis und Fischer von Erlachs.

Im Zentrum des Friedhofs ließ sich der Erzbischof Wolf Dietrich 1597–1603 nach Plänen von Elia Castello die **Gabrielskapelle** als Mausoleum errichten. Dem außen nur durch farblich abgesetzte flache Pilaster gegliederten Zentralbau mit dem grünen Kupferdach ist an der Eingangsseite ein Risalit mit dem wappengeschmückten Portal vorgelegt. Der Bau wurde nach den Regeln des Goldenen Schnitts konstruiert und besitzt eine perfekte Akustik. Das freundliche helle *Innere* fasziniert durch seine mosaikartige Auskleidung und farbigen Keramikfliesen. Sie bilden mit ihren Farbnuancen variantenreiche Muster. Die Idee hierfür hatte Wolf Dietrich selbst, die Ausführung oblag dem Salzburger Hafner Hans Khop. Noch heller wirkt der *Altarraum*. Hier bilden die Fliesen akanthusartige Ornamente, wie sie sich ähnlich auch in den frühchristlichen und mittelalterlichen Mosaiken Roms und Ravennas finden. Das kassettengeschmückte Tonnengewölbe zeigt in farbigem Stuck die vier Kirchenlehrer (Ambrosius, Augustinus, Gregor, Hieronymus) und die vier Kardinaltugenden (Weisheit, Gerechtigkeit, Tapferkeit, Mäßigung). Erst 1749 wurde der *Altar* aus rosa

Mausoleum von höchster Eleganz: Gabrielskapelle auf dem Sebastiansfriedhof

Marmor mit dem Altarbild von Jakob Zanusi aufgestellt. In den vier von Karyatiden flankierten Nischen stehen die überlebensgroßen Stuckfiguren der Evangelisten, wahrscheinlich von der Hand Castellos.

Die zwei reich gerahmten *Inschriftentafeln* rechts und links der Altarnische goss 1605 und 1607 der Nürnberger Meister Christoph Herold in Messing. Sie berichten über den Bau von Friedhof und Kapelle. Die rechte Tafel trägt außerdem die Anweisungen für das Begräbnis des Erzbischofs: »mit seinen Alltagskleidern bekleidet; nur seine geringsten Diener, begleitet von vier Kerzenträgern und sechs Kapuzinern, sollen ihn zu nächtlicher Stunde der Erde übergeben ... auch wollte er tot mitten unter seinem Volke ruhn.« Freilich wurde ihm dieser Wunsch nicht erfüllt: Sein Vetter und Nachfolger, Erzbischof Markus Sittikus ließ ihn prunkvoll bestatten. Und das, obwohl Sittikus seinen Vorgänger lange Jahre qualvoll gefangen gehalten hatte. Wolf Dietrich hatte nämlich im Kampf mit Bayern um Berchtesgaden den Kürzeren gezogen, wurde auf der Flucht verhaftet, durch Sittikus ersetzt und schließich auf der Festung Hohensalzburg festgesetzt. Er starb 1617 im Alter von 58 Jahren an den Folgen eines epileptischen Anfalls.

Kunstlandschaft am Makartplatz: Anthony Craggs ›Caldera‹ (2008) vor der Dreifaltigkeitskirche

60 Loretokirche und Loretokloster

Kleine Barockkirche mit dem hochverehrten ›Salzburger Kindl‹.

Paris-Lodron-Straße 4 und 6
Tel. 06 62/87 11 63
Bus 21, 22 bis Wolf-Dietrich-Straße

Die Loretokirche wurde für zehn Landshuter Nonnen erbaut. Sie waren im Jahre 1633 aus dem dortigen Loretokloster vor schwedischen Truppen geflohen. Die Kirche wurde 1648 vollendet und am 11. November 1944 bei einem Bombenangriff stark beschädigt. Nach ihrem Wiederaufbau konnte sie bereits Ostern 1946 geweiht werden. Ungewöhnlich ist der *Grundriss* mit einem als rundem Zentralraum ausgebildeten Chorraum und dem von drei Kapellen umgebenen rechteckigen Langhaus.

Im Tabernakel steht das **Gnadenreiche Loreto-Kindl** (*›Salzburger Kindl‹*), eine reich gekleidete Figur des Christuskindes aus Elfenbein. Jeden Tag (Mo–Fr 8.30–10 und 15–16, Sa 8.30–10 und 15–18, So 9.45–10.30 und 15–15.30 Uhr) wird es von dort zur Pforte getragen, wo es die Gläubigen anbeten und auf Erhörung ihrer Bitten hoffen können.

61 Dreifaltigkeitskirche

TOP TIPP

Der erste Kirchenbau des großen Barockbaumeisters Fischer von Erlach in Salzburg ist ein Gesamtkunstwerk des österreichischen Barock.

Makartplatz
Mo–Sa 6.30–18.30, So 8–18.30 Uhr
www.kirchen.net
Bus 1, 2, 3, 4, 5, 6, 20, 25, 28, 840
bis Makartplatz/Theatergasse

Blickpunkt und östlicher Abschluss des großzügigen Makartplatzes ist die Dreifaltigkeitskirche, die mit anschließenden Konviktsgebäuden einen eleganten Komplex bildet. Dieser Bauzusammenhang wird heute nicht mehr auf den ersten Blick deutlich, da die Türme, die den Übergang von den Seitentrakten zur Kuppel in Form eines Dreiecks vermitteln, 1757 und 1818 erhöht wurden. Diese symmetrische Anlage von Kirchenfassade und Seitenflügeln diente im 18. Jh. beim Bau vieler Klosteranlagen als Vorbild.

Im Gegensatz zu der nach vorn ausgebauchten *Fassade* der Kollegienkirche schwingt diese konkav nach innen, vergleichbar S. Agnese an der Piazza Navona in Rom. Dieser Bewegung ›antwortet‹ die längsovale *Kuppel* im Gegensinn. Der hohe rustizierte Sockel bildet das Erdgeschoss, auf dem sich das durch zierliche, von Doppelpilastern gegliederte Hauptgeschoss erhebt. Dieser Betonung der Horizontalen wirken die Türme – diese allerdings von Fischer von Erlach ursprünglich nur als Risalitaufsätze konzipiert – und die schlanke, hohe Kuppel entgegen. Die Säulenpaare links und rechts des Mittelrisalits mit den Figuren Michael Bernhard Mandls auf der Attika betonen ebenfalls die Vertikale.

Elegant, nüchtern und von kristalliner Klarheit ist der lichtdurchflutete, vollständig von der längsovalen Kuppel überwölbte weißgetünchte **Innenraum** mit seinen vier Kreuzarmen.

Das Kuppelfresko mit der *Krönung Mariens* (um 1700) schuf Johann Michael Rottmayr, der bei mehreren Bauten Fischer von Erlachs mitwirkte.

Der 1843 vollständig veränderte *Hochaltar* Fischer von Erlachs konnte 1955 mühsam und nur bruchstückhaft rekonstruiert werden. Die eleganten Engel der Seitenaltäre stammen von Michael Bernhard Mandl (1700–1702).

62 Mozarts Wohnhaus

Im sogenannten Tanzmeisterhaus lebte die Familie Mozart seit 1773.

Makartplatz 8
Tel. 06 62/87 42 27 40
www.mozarteum.at
Juli/Aug. tgl. 9–20 Uhr, Sept.–Juni tgl. 9–17.30 Uhr, während der Mozartwoche teils wegen Konzerten geschl.
Bus 1, 2, 3, 4, 5, 6, 20, 25, 28, 840 bis Makartplatz/Theatergasse

Die Familie Mozart bezog 1773 die Acht-Zimmer-Wohnung am Makartplatz. Der alte Wohnsitz in der Getreidegasse war zu klein geworden und entsprach nicht mehr den Ansprüchen des zum Konzetrtmeister der Salzburger Hofkapelle avancierten Wolfang. Hier schuf der Komponist die über 150 Werke seiner Salzburger Zeit. Anfang 1781 zog er dann nach Wien.

Das 1617 erstmals erwähnte Haus am Makartplatz erhielt Anfang des 18. Jh. den Namen ›Tanzmeisterhaus‹ nach dem Tanzmeister Johann Pastier, der hier in Tanz, Anstandsregeln und höfisches Zeremoniell einwies. Im Zweiten Weltkrieg wurden die Wohnräume zerstört, doch blieb der ›Tanzmeistersaal‹ erhalten.

Das Museum dokumentiert die Geschichte des Hauses und das Leben der Familie Mozart. Eine anschauliche Erinnerung an die Vergnügungen der Familie sind die beiden humorvoll bemalten *Schießscheiben* der ›Bölzlscheibenkompagnie‹ in der Hofeinfahrt. Schon als Zehnjähriger war Mozart dort Mitglied.

63 Landestheater

Neobarocke Bühne für Schauspiel, Musik- und Tanztheater.

Schwarzstraße 22
Tel. 06 62/871 51 22 22
www.salzburger-landestheater.at
Bus 1, 2, 3, 4, 5, 6, 20, 25, 28, 840 bis Makartplatz/Theatergasse

Kompakt und schlicht gibt sich das neobarocke Landestheater, das nach dem Abbruch eines Vorgängerbaus 1892–93 nach Plänen der Theaterarchitekten Ferdinand Fellner und Hermann Helmer errichtet und mit Mozarts ›La clemenza di

Auf den Spuren eines Musikgenies: der elegante Tanzmeistersaal in Mozarts Wohnhaus

Bei Mozarts traf man sich am Klavier

Mozart und Salzburg

Während Mozart heute – mehr als 200 Jahre nach seinem Tod – von dieser Stadt verehrt und gefeiert wird, war sein Verhältnis zu ihr zu Lebzeiten alles andere als unbeschwert.

Mozarts Vater Leopold kam als achtzehnjähriger Student aus Augsburg hierher. Statt an der ›Logik‹, für die er sich eigentlich an der Universität eingeschrieben hatte, fand er mehr Gefallen an der Musik. Langsam arbeitete er sich über eine Stelle als ›Musikus und Kammerdiener‹ (eine uns heute merkwürdig anmutende Kombination!) zum vierten Violinisten in der Hofkapelle hoch. 1762 wurde er Vizekapellmeister, nachdem er schon seit 1756 den Musikunterricht der Kapellknaben geleitet hatte. Da die höheren Posten bis 1805 den Italienern vorbehalten waren, konnte er es in der Hierarchie nie weiterbringen.

Am 27. Januar 1756 wurde sein Sohn **Wolfgang Amadeus** geboren, fünf Jahre nach der älteren Schwester Nannerl. Als ein Wunderkind ist er in die Geschichte eingegangen. Er spielte nicht nur – gerade den Windeln entwachsen – Klavier, sondern begann auch schon als kaum Fünfjähriger zu komponieren. Der Vater nutzte die Chance und ging mit seinem begabten Sohn auf Tournee. Auftritts- und Aufenthaltsorte waren nicht Theater und Konzertsäle, sondern die Höfe der Fürsten und Könige Europas. Dort feierten die Mozarts wahre Triumphe. Glücklicherweise ließ **Fürstbischof Sigismund von Schrattenbach** aus Stolz und Ehrfurcht vor dem Genie Mozarts Vater und Sohn unbehelligt reisen. Doch sein Nachfolger ab dem Jahre 1772, **Hieronymus Colloredo**, wünschte die Mozarts uneingeschränkt zu seiner Verfügung zu haben. 1777 ersuchten beide um Urlaub, worauf er sie aus dem Hofdienst entließ. Während der Vater um Wiedereinstellung bat, pfiff der junge Mozart auf Salzburg und seinen Erzbischof und machte sich auf eine lange Wanderschaft, begleitet von seiner Mutter, die auf einer dieser Reisen in Paris starb. Nachdem ihm Colloredo zwei Jahre später die Rückkehr nach Salzburg anbot, was Mozart auch annahm, kam es in Wien zwischen beiden wiederum zu Auseinandersetzungen und zum endgültigen Bruch. Mozart verbrachte die ihm noch verbleibenden zehn Jahre hauptsächlich in Wien, wo er seine großen Werke schuf. Unfähig sich einzugliedern, sich in den Intrigen am Hofe durchzusetzen, starb er völlig verarmt am 5. Dezember 1791 in Wien. Er wurde in einem **Armengrab** beigesetzt. Wo sich dieses genau befand, weiß heute niemand.

Erst im Laufe des 19. Jh. wurde sein Genie erkannt. In hohem Alter und schon seit Jahren erblindet, durfte seine geliebte Schwester Nannerl in Salzburg noch seine **offizielle Würdigung** erleben. Mozarts Witwe Constanze, die den dänischen Legationsrat Georg Nicolaus Nissen geheiratet hatte, war schon vorher, am 6. März 1842, in Salzburg gestorben.

Nun formierte sich ein ›**Mozart-Comité**‹ und veranstaltete Salzburger Mozartfeste. 1880 nahm die ›**Internationale Stiftung Mozarteum**‹ das Musikleben der Stadt in die Hand und betreut seither die örtliche Musikschule. Regelmäßig wurden Mozartfeste mit Konzerten und Opernaufführungen im neu erbauten Landestheater gegeben. Seit der Zeit sind die jährlichen Konzerte und musikalischen Veranstaltungen – auch außerhalb der Salzburger Festspiele – Höhepunkte des internationalen Konzertbetriebs.

Tito‹ eingeweiht wurde. Die ursprüngliche Vorderfront wurde schon 1938 dem Straßenbau geopfert. Auch der dekorative Schmuck im Stil des Neorokoko gefiel nicht mehr und wich den kargen Dekorationsidealen des 20. Jh. . In festlicher Pracht zeigt sich dagegen der Zuschauerraum mit seiner lüsterbestückten freskierten Decke und der samtrot ausgekleideten umlaufenden Empore. In diesem noblen Rahmen kommen Theaterstücke, Opern, Operetten, Musicals sowie Ballette auf die Bühne. Für Kinder und Jugendliche gibt es ein eigenes Programm.

64 Marionettentheater

Weltbekannte Puppenspielbühne. Es stehen vor allem Mozartopern auf dem Programm.

Schwarzstraße 24
Tel. 06 62/872 40 60
www.marionetten.at
Bus 1, 2, 3, 4, 5, 6, 20, 25, 28, 840
bis Makartplatz/Theatergasse

Das Marionettentheater wurde 1913 von Anton Aicher gegründet und befindet sich in einem Seitenflügel des Landestheaters. Unter der Leitung der inzwischen dritten Generation der *Familie Aicher* werden nicht nur komplette Mozartopern, sondern auch Ballette mit großem Aufwand an Bühnen- und Beleuchtungstechnik inszeniert.

65 Universität Mozarteum

Hochschule für die Schönen Künste in barockem Gewand.

Mirabelplatz 1
www.moz.ac.at
Bus 1, 2, 3, 4, 5, 6, 20, 25, 28, 840
bis Makartplatz/Theatergasse

In dem nach seinem Erbauer Erzbischof Paris Lodron auch ›Lodronscher Primogenitur-Palast‹ genannten und 1631 errichteten Macht- und Prachtbau musizierte auch der bedeutendste Sohn Salzburgs, Wolfgang Amadeus Mozart. Im 19. Jh. war hier das **Alte Borromäum** untergebracht, eine katholische Privatschule für Priesterkandidaten. 1972 wurde das Gebäude entkernt und zur *Hochschule für Musik und darstellende Kunst ›Mozarteum‹* umgebaut. Nur die Außenwände blieben dabei erhalten. Über den zwei Portalen am Eingang prangen noch die Wappen Paris-Lodrons. Die 1998 zur **Universität Mozarteum** umbenannte Hochschule erhielt 2006 einen modernen, von kubischen Formen geprägten Neubau, dessen Front dem Mirabellgarten zugewandt ist. Das vom Münchner Architekten Robert Rechenauer entworfene *Neue Mozarteum* aus grauem Naturstein und weiß verputzten Quadern birgt einen Kammermusiksaal sowie das Große Studio für Opernaufführungen und kleinere Veranstaltungsräume.

Festlicher Rahmen für Musikveranstaltungen – der Große Saal des Mozarteums

Zauberflötenhäuschen – Mozart soll hier seine berühmte Oper komponiert haben

66 Mozarteum

Gut in das historische Stadtbild eingepasster später Jugendstilbau.

Schwarzstraße 26
Tel. 06 62/88 94 00
www.mozarteum.at
Bus 1, 2, 3, 4, 5, 6, 20, 25, 28, 840 bis Makartplatz/Theatergasse

1877 hatte das erste von der Internationalen Mozartstiftung veranstaltete Mozartfest stattgefunden. 1910–14 errichtete der Münchner Architekt Richard Berndl das Gebäude im Auftrag der Stiftung. Der ›klassizistische‹ **Jugendstilbau** lebt vom Gegensatz zwischen dem machtvoll vorspringenden, aufwendig mit Girlandenornamenten geschmückten Mitteltrakt und den zurückhaltend-eleganten seitlichen Schultrakten. Die bronzenen *Jugendstilfiguren* in den Fassadennischen der Seitentrakte stellen die geistliche und die weltliche Musik dar.

Die vier Grundtempi der Tonkunst werden von den mehr oder weniger lebhaft auf der Attika tanzenden *Bronzeputten* dargestellt.

Ein separater Eingang führt links zum *Großen Saal*, in dem die meisten Konzerte stattfinden. In der Eingangshalle steht majestätisch eine *Bronzeplastik* von Edmund von Hellmer, ›Mozart als Apollon Musagète‹. 2010 weihte man die *Propter Homines Orgel* im Konzertsaal ein. Sie wurde eigens für die Akustik des Raumes konzipiert und verfügt über drei Manuale und Pedal, 51 Register und 3393 Pfeifen.

67 Zauberflötenhäuschen

In diesem Gartenhaus hat Mozart – angeblich – 1791 in Wien die ›Zauberflöte‹ komponiert.

Mozarteum, Basteigarten
Tel. 06 62/889 40 30
www.mozarteum.at
Besichtigung nur im Rahmen von Veranstaltungen des Mozarteums
Bus 1, 2, 3, 4, 5, 6, 20, 21, 22, 25, 28, 840 bis Mirabellplatz

In einem abgelegenen Wiener Garten hatte Emanuel Schikaneder, Freimauerer

und Librettist der Zauberflöte, das Gartenhaus seinem Logenbruder Mozart zur Verfügung gestellt. Mozart sollte ungestört arbeiten können. 1873 kam das Häuschen aufgrund einer Schenkung nach Salzburg und wurde zuerst im ›Zwerglgarten‹ und danach auf dem Kapuzinerberg aufgestellt, bis es seinen heutigen Platz im Basteigarten des Mozarteums fand. Die Stiftung Mozarteum veranstaltet im Großen Saal Mittagskonzerte (Di 12.30 Uhr), in deren Anschluss man das sonst nicht zugängliche Zauberflötenhäuschen besichtigen kann.

68 Schloss Mirabell

TOP TIPP

Monument der skandalumwitterten Liaison des Erzbischofs Wolf Dietrich von Raitenau mit Salome Alt.

Mirabellplatz
Tel. 06 62/80 72 23 34
Marmorsaal Mo, Mi/Do 8–16, Di, Fr 13–16 Uhr (während Trauungen geschl.), Engelsstiege tgl. 8–18 Uhr
www.salzburger-schlosskonzerte.at
Bus 1, 2, 3, 4, 5, 6, 20, 21, 22, 25, 28, 840 bis Mirabellplatz

Für seine große Liebe, die schöne Kaufmannstochter Salome Alt, Mutter seiner zehn Kinder, ließ der damals in absolutistischer Manier in Salzburg herrschende Erzbischof Wolf Dietrich von Raitenau 1606 einen zu dieser Zeit noch außerhalb der Stadtgrenze liegenden **Landsitz** errichten. Für seine Geliebte, nach der er das Schloss ›Altenau‹ nannte, erreichte er beim Kaiser die Adelserhebung. Das nützte ihr allerdings wenig. Nach dem Sturz und der Gefangensetzung Wolf Dietrichs auf der Feste Hohensalzburg im Jahre 1612 vertrieb sein Nachfolger und Vetter Markus Sittikus sie von ›Altenau‹. Um die Erinnerung an seinen Vorgänger zu tilgen, nannte Markus Sittikus das Schloss nun ›Mirabell‹ (Schönblick). Unter Erzbischof Franz Anton Harrach wurde der Landsitz 1721–27 umgebaut und von dem neben Fischer von Erlach bedeutendsten österreichischen Baumeister Lukas von Hildebrandt in eine **barocke Schlossanlage** verwandelt.

Der große Brand von 1818 beschädigte das Gebäude, woraufhin Hofbaurat Peter de Nobile das Schloss in dem eher nüchternen klassizistischen Stil seiner Zeit wieder herstellte. Glücklicherweise blieben *Hof- und Gartenfassade* weitgehend unverändert. Der heitere Rhythmus von plastisch hervortretenden Mittel- und Seitenrisaliten und die leicht geglieder-

Schloss Mirabell (links) und sein blühender Garten – einst Liebesnest von Wolf Dietrich von Raitenau und Salome Alt

Propere Kerlchen bevölkern die Engelsstiege

ten Wandflächen vermitteln eine Vorstellung vom ursprünglichen Aussehen dieses barocken Meisterwerks. Seit 1950 ist der Salzburger Bürgermeister Schlossherr.

Von den barocken **Innenräumen** ist die *Schlosskapelle* erhalten geblieben. Der *Marmorsaal*, der früher als Speisesaal diente, ist nicht nur als Konzertsaal, sondern auch für Trauungen sehr begehrt. Wie auch in der Schlosskapelle wurde für die Ausstattung Stuckmarmor verwendet. Hauptsehenswürdigkeit ist jedoch das von Hildebrandt geschaffene und reich mit Bandelwerk stuckierte Treppenhaus, die **Engelsstiege**, mit dem Geländer aus Untersberger Marmor und dem Skulpturenschmuck Georg Raphael Donners, des bedeutendsten österreichischen Bildhauers seiner Zeit. Wahrlich meisterhaft gelang es Donner, schwungvoll bewegte Ornamentformen und herzige Putten, die wie echte Lausbuben herumturnen und -rutschen, so zu verbinden, dass das Geländer scheinbar in Bewegung gerät und der Blick des Betrachters ganz unwillkürlich dem lustigen Treiben im Stiegenhaus folgt. Von den Wandnischen aus schauen ihm Figuren aus der griechischen Mythologie zu.

69 Mirabellgarten

Bedeutender Barockgarten mit Heckentheater, Volière, Rosenhügel und ›Zwerglgarten‹.

Tel. 06 62/80 72 23 34
tgl. ca. 6 Uhr bis Sonnenuntergang
Bus 1, 2, 3, 4, 5, 6, 20, 21, 22, 25, 28, 840 bis Mirabellplatz

Im Großen und Ganzen hat der Mirabellgarten seinen barocken Charakter mit geometrisch angelegtem Grundriss, ornamentalen Blumenrabatten und kunstvoll gestutzten Bosketten bis heute so erhalten, wie Fischer von Erlach ihn 1690 entworfen hatte.

Der auffällige *Pegasus* vor dem Gartenportal des Mirabellschlosses, 1661 von Kaspar Gras aus Kupfer getrieben, stammt eigentlich von der Kapitelschwemme

Ein würdiges Ambiente für den großen Schritt bietet der Marmorsaal von Schloss Mirabell

Aus dem üppigen Grün des Mirabellgartens eröffnet sich ein prachtvoller Blick hinüber zu den Türmen und zur Kuppel des Doms und hinauf zur Festung

[Nr. 20] und fand erst nach einigen Irrwegen seinen jetzigen Aufstellungsort als Brunnenfigur.

Eine 1893/94 angelegte Freitreppe führt zum **Rosenhügel**, einem der zauberhaftesten Fleckchen Salzburgs, mit Blick auf das Schloss und die Stadt. Die kuppelförmige **Volière** aus der Zeit um 1700 dient nicht mehr als Vogelhaus, sondern als Ausstellungsgebäude.

Vom großen **Parterre** gleich hinter dem Schloss schweift der Blick über die Stadt – Dom und Festung verbinden sich zu einer malerischen Einheit. Herrlich ist es hier im Frühling, wenn die Luft vom Duft der blühenden Magnolien erfüllt ist. Südlich-mediterran mutet der *Springbrunnen* mit den vier Skulpturengruppen an (Ottavio Mosto, ab 1689), Symbole der vier Elemente Feuer, Luft, Erde und Wasser: *Äneas rettet seinen Vater Anchises und seinen Sohn Askanius aus dem brennenden Troja, Herkules hebt den Riesen Antäus in die Luft, Proserpina wird von Pluto in die Unterwelt entführt, während Paris Helena auf einem Schiff entführt.* Den Ausgang zum Makartplatz rahmen eindrucksvoll *zwei Faustkämpfer*, Kopien des antiken Borghesischen Fechters.

Rechts vom Springbrunnen, leicht erhöht, versteckt sich das **Heckentheater** (im Winter geschl.) von 1771 mit einem von steinernen Löwen flankierten Orchestergraben und kunstvoll beschnittenen und gestaffelten Laubhecken in der Art zeitgenössischer Theaterkulissen.

Zwischen Springbrunnen und Heckentheater steht der *Susanna-Brunnen* aus dem Jahre 1612, vielleicht ein Werk Hans Waldburgers, der noch aus dem älteren, unter Erzbischof Wolf Dietrich von Raitenau geschaffenen Garten stammt. Nach einer volkstümlichen – jedoch völlig unbewiesenen – Überlieferung soll die Susanna wohl Salome Alt, die Geliebte des Erzbischofs, darstellen.

Charakterstudie: eines der skurrilen Marmormonsterchen im Zwerglgarten

70 Zwerglgarten

Skurrile Zwerglfiguren aus Marmor spiegeln das Treiben der Menschen wider.

Mirabellgarten
Tel. 06 62/80 72 23 34
tgl. ca. 6 Uhr bis Sonnenuntergang
Bus 1, 2, 3, 4, 5, 6, 20, 21, 22, 25, 28, 840 bis Mirabellplatz

Ursprünglich 28 steinerne Zwerge hatte Erzbischof Harrach – der auch der erste Salzburger war, der sich *Hofzwerge* hielt – zwischen 1711 und 1715 nach Kupferstichen Jacques Callots anfertigen lassen. Ludwig I. von Bayern fand sie so scheußlich, dass er bei ihrem Anblick entsetzt nach dem Kalkofen gerufen haben soll, woraufhin sie 1811 Hals über Kopf verschleudert wurden. Bis heute konnte nur etwa die Hälfte der Figuren wieder aufgefunden und aufgestellt werden.

Zwergenhaft verfremdet und gerade dadurch um so sprechender, sind die unterschiedlichen Charaktere und Berufe zur allgemeinen Belustigung versammelt: ein Handwerker, ein Gärtner, ein geldgieriger Kaufmann, Landsknechte, aber auch ein Ballspieler und ein Seiltänzer. Die zwischen 1,20 m und 1,40 m großen Figuren wirkten ursprünglich noch kleiner, da sie im heute als Kinderspielplatz dienenden früheren ›Zwerglgarten‹ aufgestellt waren und die Spaziergänger vom höhergelegenen Vorwerk aus auf das groteske Treiben dieser drolligen Zwergenwelt herabblickten.

71 Salzburger Barockmuseum

Europäische Malerei und Plastik, vor allem jedoch Ölskizzen aus dem 17. und 18. Jh., ›standesgemäß‹ untergebracht in einem Trakt der Orangerie von Schloss Mirabell.

Mirabellplatz 3, Orangerie des Mirabellgartens
Tel. 06 62/87 74 32
www.barockmuseum.at
Juli/Aug. Di–So 10–17 , sonst Mi–So 10–17 Uhr
Schließung Ende 2012, die Exponate kommen ins Salzburgmuseum
Bus 1, 2, 3, 4, 5, 6, 20, 21, 22, 25, 28, 840 bis Mirabellplatz

»Diese Sammlung von Entwürfen zur Barockmalerei entstand ohne Plan, Genuss war zu Beginn das einzige Motiv, Freude an ungestümen Pinselstrichen, an einer meisterlichen Komposition, am Erlebnis der Farbe.«, schrieb Kurt Rossacher 1965. Gemeinsam mit seiner Frau Else hatte er mit kunsthistorischem Sachverstand bis dahin wenig beachteten *Ölskizzen*, also Entwürfe, Ideenskizzen und Modelle, die dem jeweiligen Ölbild bzw. Fresko vorausgingen, zusammengetragen. Diese *Bozzetti* zeigen die spontane und künstlerische Handschrift des Malers ganz unverfälscht und waren schon zu ihrer Zeit für die Auftraggeber nicht nur Bestandteil des Vertrages, sondern auch begehrte Sammelobjekte.

72 Kurpark

Grüne Lunge mit Erholungs- und Kulturangeboten.

Bus 1, 2, 3, 4, 5, 6, 20, 21, 22, 25, 28, 840 bis Mirabellplatz

Nördliche Fortsetzung des Mirabellgartens ist der Kurpark Seit 1968 ist Salzburg wegen seiner Heilvorkommen – Badetorf

(Moor), Bergwerksole und Mineralheilwasser – als ›Heilbad Salzburg-Leopoldskron‹ anerkannt und damit ältestes Moorheilbad Österreichs. Beliebtes Ziel ist das **Paracelsus Bad & Kurhaus** (Auerspergstr. 2, Tel. 06 62/88 35 44, www.paracelsusbad.at). Das integrierte *Paracelsus-Hallenbad* (Mo–Fr 10–21, Sa/So/Fei 10–19 Uhr) besitzt ein großes Sportbecken mit Kletterwand sowie ein Kindererlebnis- und Planschbecken

Ein Abstecher führt Richtung Salzach zur **Christuskirche**. Sie erhebt sich am Elisabethkai zwischen Makart- und Müllnersteg. In den Jahren 1863–67 wurde sie als erstes evangelisches Gotteshaus im Salzburger Land erbaut. 370 auf der Festung inhaftierte dänische Kriegsgefangene halfen beim Bau der in neuromanisch-gotischem Stil errichteten Kirche mit. Die Chorfenster gestaltete Albert Birkle (1900–1988) als Ersatz für ihre im Zweiten Weltkrieg zerstörten Vorgänger.

Möglich wurde diese Renaissance protestantischen Lebens, weil Kaiser Franz Josef I. 1861 das Protestantenpatent erlassen hatte. Es gewährte den Anhängern der lutherischen Lehren nach jahrhundertelanger Unterdrückung endlich gleiche Bürgerrechte. Besonders aus Bayern und Baden-Württemberg kamen protestantische Kaufleute ins Salzburger Land. Ihre Glaubensgenossen waren 1731/32 von Erzbischof Leopold von Firmian aus der Stadt vertrieben worden.

73 Andräkirche

Historismus als dissonanter Gegensatz zum Schloss Mirabell.

Mirabellplatz 5
Bus 1, 2, 3, 4, 5, 6, 20, 21, 22, 25, 28, 840 bis Mirabellplatz

Einen imposanten Anblick bietet die von viel Freiraum umgebene Andräkirche, die sich mit ihren beiden Türmen der Ostfassade von Schloss Mirabell zuwendet. Ihr heutiges Erscheinungsbild verdankt sie einem vereinfachten Wiederaufbau eines ursprünglich 1892–98 nach Plänen von Josef Wessiken in dem für Salzburg ziemlich unpassenden neugotischen Stil der norddeutschen Backsteingotik errichteten Baus, der im Zweiten Weltkrieg schwer beschädigt wurde. Hochaltar (1960) und Chorfenster (1958) stammen von dem Salzburger Karl Weiser. Die einstigen Spitztürme wurden Anfang der 1970er-Jahre durch kurze Pyramiden ersetzt und dem Stadtbild angepasst.

Auch auf diese schöne Dianastatue trifft man im Barockmuseum

Mülln und nördlicher Mönchsberg – Vorstadt mit ländlichem Charakter

›Ad molendina‹ lautet der seit dem 12. Jh. überlieferte Name des Stadtteils Mülln. Er erinnert daran, dass hier früher durch einen Arm des Almkanals mehrere Mühlen betrieben wurden. Mülln hat seinen ›altstädtischen‹ Charakter bis heute bewahrt. Sein unübersehbares Wahrzeichen ist die Müllner Kirche zu Unserer Lieben Frau Mariä Himmelfahrt. Einer der schönsten Plätze Salzburgs aber ist der Mönchsberg mit dem Museum der Moderne, dessen Terrassencafé ein herrliches Stadtpanorama zu bieten hat.

74 Müllner Pfarrkirche zu Unserer Lieben Frau Mariä Himmelfahrt

Der markante Bau mit seinem gotischen Turm überrascht mit barockem Überschwang.

Augustinergasse
Bus 7, 8, 20, 21, 24, 27, 28 bis Bärenwirt

Weithin sichtbar erhebt sich am linken Salzachufer zu Füßen des Mönchsbergs die Müllner Kirche mit ihrem barock bekrönten gotischen Turm. Schon 1148 wird an dieser Stelle eine Marienkapelle urkundlich erwähnt, die um 1450 neu erbaut wurde. Seit 1461 Pfarrkirche, kam sie 1605 in den Besitz der Augustiner-Eremiten und ging 1835 an die Benediktinerabtei Michaelbeuern über. Zu Beginn des 17. Jh. wurden Kapellen angebaut, und in den 1730er-Jahren wurde der Innenraum der spätgotischen Saalkirche mit einem barocken Prachtgewand verkleidet.

Das Portal erreicht man über ein breites Treppenhaus, das in einer **Stiegenhauskapelle** endet. Die *Altarbilder* der Heiligen Dreifaltigkeit und des Schutzengels stammen von Martin Johann Schmidt, dem ›Kremserschmidt‹ (1718–1801). Neben dem Eingang findet sich ein monumental geschlossenes *Pietàbild* von Paul Troger (1698–1762).

Der **Innenraum** ist reich mit Gitter- und Bandelwerk stuckiert (Christoph Fenninger, 1738). Die doppelgeschossige Empore stammt von 1673. Der *Hochaltar* aus Adneter und Untersberger Marmor entstand nach einem Entwurf des Wiener Malers Vinzenz Fischer (1758–60). In die Altarnische ist ein gotisches Gnaden-

Vor dem dynamisch geformten Müllnersteg bilden Müllner Kirche und Leprosenhauskirche eine reizvolle Ufersilhouette

bild der hl. Maria mit Kind (ca. 1440) integriert, das aus dem alten Altar stammt, jedoch barock gefasst wurde, zwischen den Säulen sind die Heiligen Alexius, Katharina, Barbara und Wilhelm zu erkennen. Das Blechtabernakel ist kunstvoll mit Rocaillen geschmückt. Die *Kanzel* schuf Johann Georg Hitzl (1738). Malereien von Vinzenz Fischer an der Hochwand des Kirchenschiffs schildern Szenen aus dem Marienleben (1759). Auf der Empore befindet sich eine Orgel von 1679.

In den drei frühbarocken Seitenkapellen (1605–10) sind Altarbilder von Johann Michael Rottmayr vom Ende des 17. Jh. zu bewundern: Sie zeigen die ›Erscheinung Christi vor dem hl. Johannes in S. Facundo‹ (nordwestl. Kapelle), den ›hl. Nikolaus Tolentinus mit den beiden Heiligen Paulus und Antonius‹ (nordöstl. Kapelle), sowie die ›Mutter Gottes und das Jesuskind mit den hll. Augustinus, Nikolaus Tolentinus und Klara‹ (südwestl. Kapelle). Die vierte Seitenkapelle ist die Turmkapelle und birgt auf dem Altar eine Kopie des Gnadenbildes der ›hl. Maria vom Guten Rat zu Genazzano‹.

Beim **Augustiner Bräu** (Lindhofstr. 7, Tel. 0662/431246, www.augustinerbier.at) hinter der Kirche kann man sich weltlicheren Genüssen hingeben. Schwemm und Biergarten bieten reichlich Platz, das Angebot an österreichischen Schmankerln ist ausgezeichnet.

75 Leprosenhauskirche

Schlichte Saalkirche mit wundertätigem Gnadenbild.

Müllner Hauptstraße 6
Bus 7, 8, 20, 21, 24, 27, 28 bis Landeskrankenhaus/St.-Johanns-Spital

Als ›Sundersiechenhaus‹ ist das Leprosenhaus, das sich als Landespflegeanstalt bis heute der menschlichen Bedürftigkeit annimmt, mit der dazugehörigen Kirche bereits im 13. Jh. erstmals belegt. Der viergeschossige Bau mit seiner

Die Johannesspitalkirche in Mülln von Fischer von Erlach, 1704 geweiht

schlichten Saalkirche, der sich zu Füßen der Müllner Kirche bescheiden ans Salzachufer schmiegt, entstand 1714. Patrone des barocken Gotteshauses sind die Heiligen Hieronymus und Antonius. Auf dem Hauptaltar findet sich ein im 18. Jh. als wundertätig verehrtes Marienbild, eine Kopie des Gnadenbildes in Maria Dorfen in Oberbayern.

Ebenfalls an der Müllner Hauptstraße/ Ecke Einmündung Bärengässchen gelegen ist der 1727 aufgestellte **Delphin-Putto-Brunnen** mit der Skulpturengruppe von Sebastian Stumpfegger.

76 Johannesspitalkirche

1704 geweihte Barockkirche nach einem Entwurf Fischer von Erlachs mit schönen Seitenaltarbildern von Johann Michael Rottmayr.

Müllner Hauptstraße 46
7, 8, 20, 21, 24, 27, 28 bis Landeskrankenhaus/St.-Johanns-Spital

Kirche und Spital für arme Studenten, Priester, Handwerksgesellen und Arme sind eine großzügige Stiftung von Erzbischof Johann Ernst Graf Thun, die er auf dem 1688 erworbenen Grundstück des abgetragenen Schlosses Mülleck errichten ließ und nach seinem Namenspatron benannte. Die Bauabrechnungen ließ er der Überlieferung nach vernichten, niemand sollte je wissen, was ihn diese Stiftung gekostet hat. Gekonnt verband Fischer von Erlach hier die in Anlehnung an die römische Kirche San Giovanni in Laterano entstandene **Fassade** mit kolossalen Pilastern und Querbalustrade mit der Zweiflügelanlage des Spitals (rechts Frauen, links Männer).

Das **Innere** der Kirche zeigt ein in Längsrichtung betontes griechisches Kreuz. Für die einheitliche Ausstattung war Fischer von Erlach selbst verantwortlich. Eine doppelläufige Treppenanlage führt zum Hochaltar mit tempiettoartigem Tabernakelaufbau, unter dem eine Stiege in die Unterkirche leitet. Sie war für die Beisetzung der Eingeweide des Erzbischofs vorgesehen. Die Ölbilder der bei-

den Seitenaltäre stammen von Johann Michael Rottmayr und schildern die ›Predigt des hl. Johannes des Täufers‹ sowie die ›Enthauptung der hl. Barbara‹ (1709).

Rund 500 m von der Kirche entfernt liegt der **Aiglhof**. Der Name des alten Adelssitzes Lind rührt von dessen Besitzer im 15. Jh. her. Seit 1604 gehört der Aiglhof zu St. Peter. Die kleine Kapelle schmückt ein Altarbild des ›Kremserschmidt‹ von 1795.

77 Mönchsberg

Wichtigster Stadtberg Salzburgs.

Bus 1, 4, 8, 22 bis Mönchsbergaufzug

Der Mönchsberg ist der von der Stadt am meisten in Anspruch genommene Berg. Nicht nur, dass sein Ausläufer mit der Festung schon seit vielen Jahrhunderten zur Verteidigung dient, nein, er wird auch seit noch längerer Zeit nach und nach ausgehöhlt. Damit angefangen haben Mönche, die im heutigen Petersfriedhof in frühchristlicher Zeit Katakomben und Kapellen in den Fels schlugen. Später ließ Fischer von Erlach in einen Steinbruch die Felsenreitschule bauen. Im 20. Jh. kamen dann das Große Festspielhaus und die Altstadt-Garagen hinzu.

Der Mönchsberg ist für solche ›Wühlarbeiten‹ besonders geeignet, besteht er doch aus Nagelfluh, einem Konglomerat aus Geröllen von Kalkstein, Quarz, Gneis und Glimmerschiefer. Die härteren *Gesteine* stehen dabei an der Oberfläche nagelartig vor, daher der Name.

Die Edmundsburg wurde 1695 von Abt Edmund Sinnhuber erbaut und diente später als Knabenerziehungsanstalt. Inzwischen beherbergt sie das **Stefan-Zweig-Centre** (www.stefan-zweig-centre-salzburg.at, Mo, Mi–Fr 14–16 Uhr). Es

Romantische Abwechslung bei einem Spaziergang auf dem Mönchsberg bieten Bauwerke wie das Hotel Schloss Mönchstein

zeigt eine Ausstellung zu Werk und Leben von Stefan Zweig, der 1919–34 im Paschinger Schlössl [Nr. 54] auf dem Kapuzinerberg wohnte.

Das **Marketender-Schlössl** (Mönchsberg 21) hatte 1590 Erzbischof Wolf Dietrich angekauft, der es später dem Domkapitel schenkte. Das turmartige Gebäude ist typisch für die vorbarocken Salzburger Schlösser, der Zinnenkranz eine Zutat des 19. Jh.

Im **Johannes-Schlössl** (Mönchsberg 24, www.johannes-schloessl.at) betreiben die Pallottiner, eine katholische Ordensgemeinschaft, ein Gästehaus. Hier kann man ruhige Tage verbringen, an Gesprächskreisen teilnehmen und zugleich die Schönheiten Salzburgs auf sich wirken lassen. Ursprünglich gehörte es der Familie von Salome Alt. Es wurde 1590 von Wolf Dietrich erworben und später dem Domkapitel vermacht.

Als **Bürgerwehrsöller** bezeichnet man die drei durch eine Mauer verbundenen Türme, die 1487/88 von der Stadt Salzburg wegen der Auseinandersetzungen zwischen Erzbischof Bernhard von Rohr und Kaiser Friedrich III. erbaut wurden. Die **Monikapforte** war Teil der Lodronschen Stadtbefestigung während des Dreißigjährigen Krieges. Erzbischof Paris Lodron gab ihr den Namen der Mutter des hl. Augustinus. Die **Augustinspforte** ist im Zusammenhang mit der Monikapforte entstanden und nach dem Kirchenvater benannt.

Reizvoll ist auch das um 1350 erstmals als Tetelheimer Turm erwähnte Top Tipp **Schloss Mönchstein**. Es ist als Luxushotel mit Gault-Millau-Haubengekröntem Gourmetrestaurant und einem Terrassencafé mit herrlichem Salzburgpanorama beliebtes Ziel vermögender Gäste oder eines Spaziergangs im Grünen.

78 Museum der Moderne Mönchsberg

Top Tipp *Faszinierende Kunst in exponierter Lage: mit dem Mönchsberglift durch und auf den Berg in die Ausstellung.*

Mönchsberg 32
Tel. 06 62/842 22 04 03
www.museumdermoderne.at
Di, Do–So 10–18, Mi 10–20 Uhr, während der Festspiele auch Mo 10–18 Uhr
Bus 1, 4, 8, 22 bis Mönchsbergaufzug

2004 eröffnete das Museum der Moderne Salzburg in prominenter Lage auf dem Mönchsberg. Der schlichte, aber pointierte Bau des Münchner Architektentrios Klaus Friedrich, Stefan Hoff und Stefan Zwick bezieht gekonnt die Ansicht des

Originell: Das Schlafende Haus vor dem Museum der Moderne kippt allabendlich zur Seite

historischen Wasserturms mit ein. Die Verkleidung des Gebäudes mit heimischem Untersberger Marmor wirkt solide und elegant zugleich.

Am bequemsten erreicht man das Museum mit dem Mönchsberglift, der direkt im Foyer hält und vor dem eigentlichen Kunstgenuss zu einem Abstecher auf die **Aussichtsterrasse** mit herrlichem Salzburgpanorama einlädt. Besonders Kunstbeflissene können sich unverzüglich dem Museumseingang rechts vom Aufzug zuwenden. Präsentiert werden in dieser Dependance des Museums der Moderne, dessen Stammhaus das Rupertinum [Nr. 40] ist, in großen **Wechselausstellungen** auch immer wieder Sammlungsbestände, beginnend bei Klimt über Kokoschka bis zu zeitgenössischer Fotografie, Videokunst und Multi-Media-Installationen.

Ein Highlight ist auch das von dem Südtiroler Stararchitekten und Designer Matteo Thun als zeitgemäßes und höchst elegantes Jägerstüberl gestaltete Interieur des **Museumsrestaurants m32**. Die Lichtinstallation aus 400 Hirschgeweihen ist ein echter Hingucker! Und sowohl vom Restaurant als auch von seiner Terrasse eröffnet sich abermals ein phänomenaler Blick über Salzburg.

In der Umgebung des Museums stehen zwei Kunstwerke der *Kunstprojekte Salzburg* [s. S. 82]: In einer Senke neben dem Wasserturm die von Laubwerk umkränzte Installation **›Ziffern im Wald‹** (2003) von Mario Merz mit ihren gebogenen Edelstahlrohren und 21 Neonzahlen sowie der begehbare Kunstraum **›Sky Space‹** (2006) von James Turrel mit seinem effektvollen Lichtspiel.

Tony Craggs Stahlskulpturen vor der Kulisse von Kapuzinerberg (vorn) und Gaisberg

Südliches Salzburg – Eldorado für Liebhaber barocker Schlösser

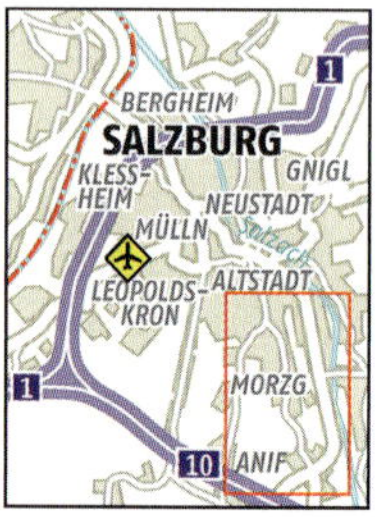

Wer Schloss- und Parkanlagen liebt, dem sei ein Spaziergang oder eine Radtour auf der Hellbrunner Allee empfohlen: Aneinandergereiht wie Perlen einer Kette folgt ein hübsches Barockschloss dem anderen – eingebettet in eine herrliche Landschaft, das Ganze vor der majestätischen Kulisse der Alpen!

Am Ziel der Wanderung liegt Schloss Hellbrunn mit seinem weitläufigen Park, noch weiter südlich dann das idyllische Waldbad Anif.

79 Schloss Leopoldskron

Im schönsten Profanbau des Rokoko in Salzburg gehen Seminarteilnehmer ein und aus.

Leopoldskronstr. 56
Tel. 06 62/83 98 30
www.schloss-leopoldskron.com
nicht öffentlich zugänglich
Bus 21, 22 bis Gorianstraße oder
Bus 25 bis Seniorenheim Nonntal

In den Jahren 1736–44 ließ Erzbischof Leopold Anton Firmian das dreigeschossige Schloss nach Entwürfen von Pater Bernhard Stuart als Familiensitz errichten. Detailpläne und Dekorationen stammen von dem Stuckateur Johann Kleber, der sich so manche Inspiration bei Lukas von Hildebrandt holte. Schon kurze Zeit darauf gefiel das **Rokokoschloss** nicht mehr allgemein, so wurden 1763 klassizistische Veränderungen vorgenommen. Nun sehen wir anstelle des Mansardendachs ein Attikageschoss, die ursprünglich vorhandenen Türme sowie die achteckige Kuppel in der Mitte fehlen.

Nach mehrmaligem Besitzerwechsel, durch den das Schloss zusehends verfiel und die wertvolle Kunstsammlung sowie Ausstattung verloren ging, erwarb es 1918 Max Reinhardt. Er richtete das verwahrloste Juwel wieder her und ließ eine verkleinerte Kopie der St. Gallener Stiftsbibliothek einbauen.

Heute ist das Schloss im Besitz der us-amerikanischen Bildungsinstitution *Salzburg Global Seminars*, der es als Konferenz- und Seminarzentrum dient. Leider ist es nur für dessen Kunden zugänglich.

Spiegelung im ›Alten Kühweiher‹: Schloss Leopoldskron – zwischen 1736 und 1744 erbaut

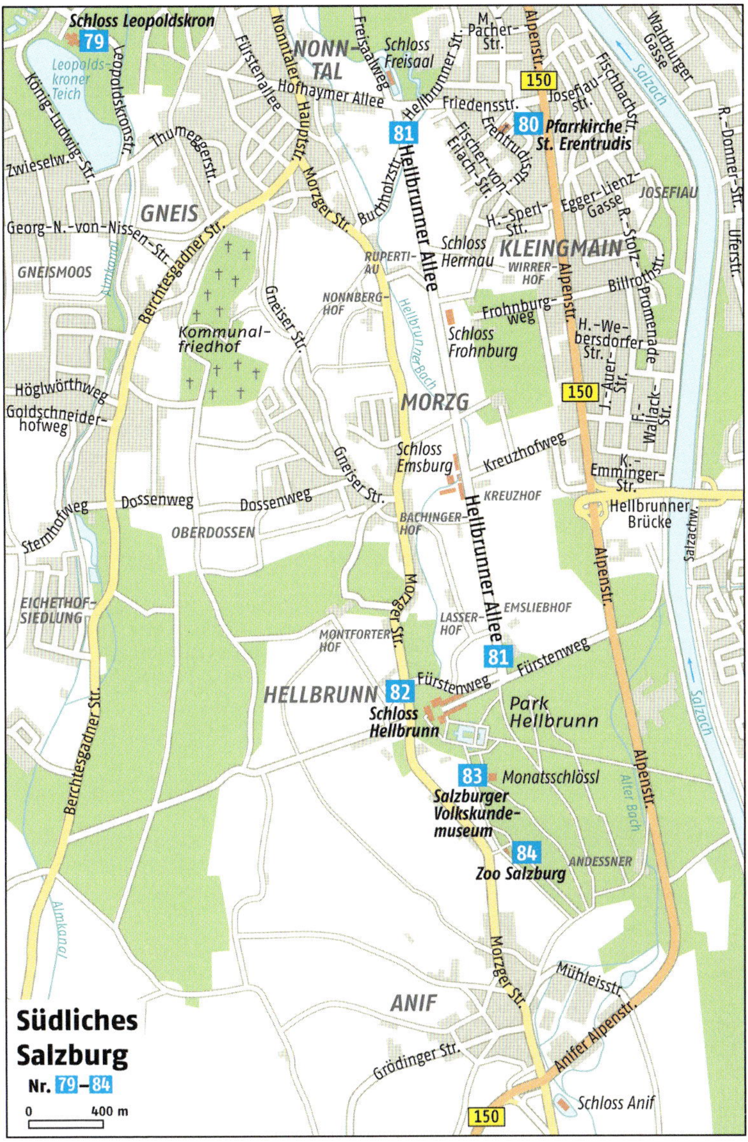

80 Pfarrkirche St. Erentrudis

Ein moderner Sakralbezirk am Rande des barocken Salzburg.

Salzburg-Hernau, Erentrudisstraße
Bus 3, 8, 22 bis Josefiau

Im Jahr 1958 wurde der Grundstein für das neue religiöse Zentrum der aus Böhmen vertriebenen *Eucharistie-Schwestern* gelegt. Pfarrhaus, Kloster, Kapelle und Kirche vereinigen sich zur einem **Sakralbezirk** samt Campanile. In der von Architekt Robert Klamreiter-Klein elliptisch angelegten Kirche (1962) sitzen die Gläubigen gemäß den Forderungen des Zweiten Vatikanischen Konzils von 1962 um den Altar. In der Apsis hinter dem Altar wölbt sich das riesige **Glasfenster** – mit seinen Maßen von 20 x 15 m das größte mit figuraler Darstellung überhaupt. Margaret Bilgers schuf das Werk in der Glasmalereiwerkstätte des Klosters

Schlierbach. In der Mitte sind von unten nach oben das ›Letzte Abendmahl‹, das ›Lamm Gottes‹ und der ›Verklärte Christus‹ übereinander angeordnet, links und rechts davon jeweils entsprechende Szenen aus Altem und Neuem Testament.

81 Hellbrunner Allee

TOP TIPP *Alte, von Bäumen und Schlössern gesäumte Verbindungsstraße zwischen Salzburg und Schloss Hellbrunn.*

Bus 22 bis Bocksbergerstraße oder
Bus 25 bis Fürstenweg

Vor über 300 Jahren ließ Erzbischof Markus Sittikus die **Allee**, deren Bäume teilweise noch aus dieser Zeit stammen, als eine schnurgerade Verbindung zwischen der Stadt und seinem Lustschloss Hellbrunn bauen.

Schon lange vorher hatte sich der Salzburger Adel hier schöne Schlösser errichten lassen. Den Auftakt macht **Schloss Freisaal** (Freisaalweg 12, nicht öffentlich zugänglich) im Nonntal. Der Name des manieristischen Wasserschlosses rührt von dem Wort ›Freudensaal‹ her, mit dem das schon 1392 erwähnte Lusthaus des Erzbischofs Pilgrim II. von Puchheim in einem Gedicht des ›Mönchs von Salzburg‹ bezeichnet wurde.

Modernes Apsisfenster in St. Erentrudis

Zu einem Studentenwohnheim wurde das ab 1672 von Johann Josef Graf Kuenburg errichtete **Schloss Frohnburg** (Hellbrunner Allee 53, www.frohnburg.moz.ac.at, nicht öffentlich zugänglich) umfunktioniert. Der *Arionbrunnen* am Eingang stellt die Rettung des Sängers Arion aus Seenot durch einen Delphin dar.

Geradezu gebieterisch steht schließlich der kubische Bau von **Schloss Emsburg** (Hellbrunner Allee 52, nicht öffentlich zugänglich) auf einem Hügel. Die Residenz im Stil einer ›villa suburbana‹ wurde 1618 von Hauptmann Johann Sigmund von Mabon errichtet. Seit 1948 ist das Schloss das Mutterhaus der Halleiner Schulschwestern.

82 Schloss Hellbrunn

TOP TIPP *Fast unverändert erhaltenes manieristisch-frühbarockes Lustschloss, geboren aus der Italiensehnsucht des Erzbischofs Markus Sittikus.*

Fürstenweg 37
Tel. 06 62/820 37 20
www.hellbrunn.at
Schloss Juli/Aug. tgl. 9–18, Mai/Juni, Sept. tgl. 9–17.30, April, Okt. tgl. 9–16.30 Uhr
Wasserspiele nur mit Führung: Juli/Aug. tgl. 9–21, Mai/Juni, Sept. tgl. 9–17.30, April, Okt. tgl. 9–16.30 Uhr
Bus 25 bis Fürstenweg

An diesem malerisch gelegenen Ort befanden sich schon im 15. Jh. Fischweiher und ein Tiergarten, als Erzbischof Markus Sittikus Graf von Hohenems sich in den Jahren 1613 bis 1615 eine ›villa suburbana‹ erbauen ließ, ein ländliches **Lustschloss** mit einer Parkanlage und Wasserspielen. Ein Italiener, wahrscheinlich der Dombaumeister Santino Solari, war wohl der Baumeister.

Vom großen Eingangstor an der Hellbrunner Allee führt eine langgestreckte Schlossauffahrt zum zweistöckigen Schloss mit leicht vorspringenden Ecksaliten. Die Inschrift über dem Portal verkündet die Absicht des Erbauers: »Die Bauten, die du umherblickend siehst, errichtete Markus Sittikus, Graf von Hohenems, Erzbischof von Salzburg, zu seinem und seiner Nachfolger Vergnügen ...«

Im 1. Stock des Schlosses befinden sich die **Fürstenzimmer**. Die Gemälde in der

Das frühbarocke Schloss Hellbrunn verfügt über eine wunderschöne Parkanlage

Vorhalle zeigen Fantasie- und Fabelwesen. Durch einen mit *japanischen Papiertapeten* aus dem 18. Jh. ausgestalteten Raum und das Schlafzimmer gelangt man ins Speisezimmer mit dem schönen *Tonofen*, einem Werk des Hafnermeisters Friedrich Strobl (1608, unter Erzbischof Markus Sittikus verändert). An den Wänden sind eine Ansicht von Hohenems sowie ein Porträt Wolf Dietrichs von Donato Mascagni mit Hellbrunn und dem halbfertigen Dom im Hintergrund (1618).

Der **Festsaal** mit den zwölf Kaisern und das **Oktogon** genannte Musikzimmer wurden von Mascagni prachtvoll ausfreskiert. Wie durch Zauberhand öffnet *Illusionsmalerei* die Wände des Oktogons: In Galerien und Säulenhallen scheint sich eine elegante Hofgesellschaft in frühbarocken Gewändern zu tummeln. Während die Damen sich in üppigen Reifröcken, ausladenden Halskrausen und mehr oder weniger gewagtem Dekolleté zur Schau stellen, zeigen die in Wams und Pumphosen gekleideten Herren dagegen Bein. Ein Kavalier, der mit galanter Geste einer Dame eine rote Nelke überreicht, stellt angeblich den Erzbischof Markus Sittikus dar. Und so verwundert es auch nicht, dass dieser während seiner Regierungszeit 70 000 Gulden für zahlreiche Damenschmuckstücke an die Goldschmiede in Salzburg zu bezahlen hatte.

Eingebettet ist Schloss Hellbrunn in einen wunderbaren **Park**. Erzbischof Markus Sittikus ließ ihn mit geheimnisvollen Grotten und Höhlen, Weihern, versteckten Theatern und raffinierten **Wasserspielen**, die im Rahmen einer Führung besichtigt werden können.

Dass dies auch eine Zeit der derben Späße war, zeigt der ›**Steinerne Tisch**‹ mit seiner automatischen Weinkühlung und den verborgenen *Wasserleitungen* in steinernen Hockern, die bei Bedarf die ahnungslosen Zecher nassspritzten – eine beliebte Neckerei. Von dem feuchten Vergnügen verschont blieb nur der Erzbischof selbst, der so der der Schadenfreude frönen konnte.

Auf dem ›**Fürstenweg**‹ entlang eines schmalen Wasserlaufs erwarten den harmlos Lustwandelnden allerhand weitere freudige und »erschröckliche« Überraschungen mit *Wasserautomaten, Grotten* und *Brunnen*. Besonders beeindruckend ist das ›**Mechanische Theater**‹ (Lorenz Rosenegger 1748–52), eine Miniaturstadt in Form eines Palastes mit musikalisch untermalter, liebevoller Darstellung des täglichen Lebens der damaligen Zeit. Dagegen erscheint die ›**Midasgrotte**‹ eher geheimnisvoll und bedeutungsschwanger.

Angrenzend an die Wasserspiele erstreckt sich um die Karpfen- oder Inselweiher in Schlossnähe der frei zugängliche **Lust- und Ziergarten**. Teilweise wurde er im 18. Jh. in einen ausgedehnten englischen Garten umgewandelt, der so manches lauschiges Plätzchen bietet.

Das Steinerne Theater im Park Hellbrunn ist eines der ältesten Naturtheater Europas

Den ›**Watzmannblick**‹ zur Rechten, führt ein Weg zum ›**Steinernen Theater**‹. Erzbischof Markus Sittikus ließ aus einem Steinbruch ein Naturtheater schaffen, auf dessen Bühne am 31. August 1617 Monteverdis L'Orfeo aufgeführt wurde – als erste Oper nördlich der Alpen.

83 Salzburger Volkskundemuseum

Querschnitt durch die Salzburger Volkskultur und das historische Brauchtum.

Park Hellbrunn, Monatsschlössl
Tel. 06 62/620 80 85 00
www.salzburgmuseum.at
April–Okt. tgl. 10–17.30 Uhr
Bus 25 bis Fürstenweg

Auf einer Anhöhe im Park Hellbrunn erhebt sich Schloss Waldems. Wie sein allgemein gebräuchlicher Name ›**Monatsschlössl**‹ besagt, wurde es in überraschend kurzer Bauzeit errichtet. Markus Sittikus gewann damit 1615 eine Wette gegen Erzherzog Maximilian. Heute beherbergt der entzückende Bau das Volkskundemuseum [s.u.]. Seit seiner Gründung im Jahr 1924 als ›**Altsalzburger Bauernmuseum**‹ bewahrt es altes Volksgut und Brauchtum vor Vernichtung und Vergessen. Heute sind hier Web- und Wohnstuben eingerichtet, u.a. die original erhaltene Adrianstube, sowie Musikinstrumente, Votivgaben, bäuerliche Trachten, aber auch Gegenstände des Aberglaubens und mystischen Volksglaubens ausgestellt.

Die Bauernmöbel gehören zu den Kostbarkeiten des Salzburger Volkskundemuseums

84 Zoo Salzburg

Tiere aus aller Welt am Fuße des Hellbrunner Berges.

Anifer Landesstr. 1
Tel. 06 62/820 17 60
www.salzburg-zoo.at
Nov.–März tgl. 9–16.30, April/Mai, Sept./Okt. tgl. 9–18, Juni–Aug. tgl. 9–19 Uhr
Bus 25 bis Zoo

Salzburgs Zoo erstreckt sich entlang der Anifer Landesstraße. Hier leben Bären und Wölfe, Steinböcke und Gänsegeier. Auch Pandas und Schneeleoparden gibt es zu sehen. Ein großer Streichelzoo, in dem man den Tieren besonders nahe kommen kann, begeistert die kleinen Besucher. Der großzügige **Tiergarten** entstand aus dem alten Hirschpark am Rande des Hellbrunner Parks. Er ist bereits 1424 beurkundet.

Gut 3 km weiter südlich befindet sich das **Waldbad Anif** (Waldbadstr. 1, Anif, Tel. 062 45/702 92, www.waldbadanif.at, Mai–Mitte Sept. tgl. 9–19 Uhr). Um den idyllisch gelegenen Badesee gibt es Tauchparcours, einen Kinderkletterpark, Beachvolleyball- und Bocciaplätze.

Die prächtigen Fresken im Oktogon täuschen den Betrachter

Rund um Salzburg – eine moderne Kirche und jede Menge Bauernhäuser

Nördlich von Salzburg – auf einer Anhöhe schon von weitem zu sehen – liegt die **Wallfahrtskirche Maria Plain**, von der aus man einen herrlichen Blick auf die Stadt genießt. Auf dem Flughafengelände wartet der **Hangar 7** mit einer eindrucksvollen Sammlung historischer Flugzeuge und einem bekannten Luxusrestaurant auf. Weiter außerhalb vermittelt das **Salzburger Freilichtmuseum** alte bäuerliche Lebensformen, am Abend lockt **Schloss Klessheim** mit seinem Kasino. Etwas weiter entfernt ist **Burg Hohenwerfen**, eine trutzige Festung über der Salzach.

85 Schloss Klessheim

Früher erzbischöfliches Lustschloss, heute ein Kasino.

Wals-Siezenheim
Tel. 06 62/854 45 50
www.salzburg.casinos.at
Automaten tgl. 12–3,
Spieltische tgl. 15–3 Uhr
Bus 1, 20, 34 bis Europark

Das Kasino von Salzburg war früher ein erzbischöfliches Lustschloss. Im Auftrag von Erzbischof Johann Ernst Thun baute es Fischer von Erlach zwischen 1700 und 1709 am Westrand der Stadt. Er ließ sich dabei vom oberitalienischen Manierismus beeinflussten. Hochherrschaftlich präsentiert sich die großartige Gruppierung von *Auffahrt* mit *Loggia, Vestibül* und *Treppenhaus*, die als kubusartiger und säulengegliederter Mittelrisalit vorspringen, entsprechend den Seitenflügeln. Deren Wandfläche ist durch Doppelpilaster strukturiert. Nach dem Idealentwurf Fischer von Erlachs hätten die Mittelarkaden offen bleiben sollen, aber in Salzburg herrscht nun doch kein italienisches Klima... Der effektvolle *Tritonenbrunnen* vor der Auffahrt stammt aus dem 19. Jh. und wurde dort 1926, eventuell auch früher, aufgestellt.

Erst 1732, unter Erzbischof Leopold Anton Firmian, wurde das Schloss fertig gestellt. So finden sich dort auch dessen Wappentiere, die Hirsche. Das Thun-Harrachsche Wappen auf der Attika stammt von Michael Bernhard Mandl (1709). Der Stuck im **Inneren** wurde von Paolo d'Allio und Diego Francesco Carlone nach Entwürfen Fischer von Erlachs ausgeführt. Von einer indirekt beleuchteten Galerie aus konnte das Orchester im Festsaal unsichtbar für die Gäste musizieren. Im Nebenraum befindet sich das *Dankopfer Noahs* von Giulio Quaglio (1709).

Zum Gästehaus Hitlers erklärt, erhielt das Schloss 1940/41 an der Rückseite eine Terrasse, die Wächterhäuschen wurden beim der Stadt zugewandten Gartengitter hinzugefügt.

Mit seiner Barockfassade hat das Kasino in Klessheim einen hochherrschaftlichen Auftritt

86 Wallfahrtskirche Maria Plain

TOP TIPP

Barocke Marienwallfahrtskirche 3 km nördlich von Salzburg mit einem als wundertätig verehrten Gnadenbild. Herrlicher Blick auf Salzburg.

Plainbergweg 38
www.mariaplain.at
tgl. 7–19 Uhr (im Winter bis Sonnenuntergang)
S 1, S11 bis Maria Plain/Plainbrücke

Seit das Gnadenbild *Maria mit dem Jesuskind* im niederbayerischen Regen 1633 einen Brand überstanden hatte, wurde es als wundertätig verehrt und in der dortigen Schlosskapelle Fürsteneck aufgestellt. Rudolf von Grimming nahm es 1652 mit auf seinen Besitz auf dem Plainsberg, wohin bald die ersten Wallfahrer kamen.

Um dem wachsenden Ansturm der Pilger gerecht zu werden, ließ Erzbischof Max Gandolf Kuenburg von Antonio Dario eine **Wallfahrtskirche** errichten, die 1674 geweiht wurde. In Einlösung eines Gelöbnisses, dem Bild ›die Ehrenzier goldener Kronen‹ zu verleihen, falls Salzburg vom Österreichischen Erbfolgekrieg verschont bliebe, wurde 1751 das Gnadenbild feierlich gekrönt. Dass jedoch Mozart seine ›Krönungsmesse‹ 1779 speziell anläßlich der 28. Wiederkehr dieser feierlichen Krönung komponiert habe, ist wahrscheinlich nur Legende. Trotzdem wird seine Messe jedes Jahr am 15. August aufgeführt. Heute steht die Kirche unter der Obhut des Salzburger Stiftes St. Peter. 1952 erhielt die Wallfahrtskirche den Rang einer päpstlichen Basilica Minor.

Der **Wallfahrtsweg** ist von 15 steinernen Bildsäulen mit Darstellungen des Rosenkranzgeheimnisses gesäumt (1705). Zu Füßen der Kirche führt er vorbei an vier Kalvarienkapellen (1686–92) von Thomas Schwanthaler – mit ›Ölbergszene‹, ›Geißelung Christi‹, ›Dornenkrönung‹ und ›Kreuztragung‹ –, der Schmerzens-kapelle mit beeindruckender Pietà (1730) von Franz Schwanthaler und der Heilig-Grab-Kapelle, einer Nachbildung des Heiligen Grabes in Jerusalem.

Weithin sichtbar thront die Kirche auf dem Hügel. Ihre imposante **Doppelturmfassade** ähnelt der des Doms. Ein hohes Tonnengewölbe überspannt den Innenraum mit Wandpfeilern und je zwei Seitenkapellen. Die reiche Ausstattung im Grundklang von leuchtendem Blau und Gold ist mehreren Stiftern zu verdan-

Hochverehrt: das Gnadenbild über dem Hochaltar von Maria Plain

ken, vorrangig Mitgliedern der gräflichen Familie Kuenburg. Auf dem **Hochaltar** befindet sich das *Gnadenbild* im Silberrahmen (Meister H. C. A., 1679) mit Strahlengloriole (J. A. Zwickl, 1732, aufgesetzte Rocaillen von 1751), flankiert von den beiden Heiligen *Vitalis* und *Maximilian* (Jakob Gerold), dahinter das *Dreifaltigkeitsbild* (Frans de Neve, 1674).

Die beiden Altäre rechts und links im Presbyterium bergen in ihrer Predella die Reliquien römischer Katakombenheiliger: der *Josefsaltar* (rechts, 1673) die der 1660 aufgefundenen hl. Christina, der *Kreuzaltar* (links, 1674) die des hl. Dionysius. Meisterhaft ist das Abschlussgitter zum Presbyterium von dem Salzburger Johannes Thomas (1684).

Die Grisaille-Malerei von 1682 an der **Kanzel** zeigt die Geschichte des Gnadenbildes verbunden mit einem biblischen Wunder: ›Brand des Marktes Regen‹, ›Kirche in Maria Plain‹, ›Ursprungskapelle und Moses schlägt Wasser aus dem Felsen‹. Gegenüber ist die ›Mutter der schönen Liebe‹, das mehrfarbig gefasste Wessobrunner Gnadenbild (Simeon Fries, 1682), zu bewundern. Frei im Raum schwebt die *Rosenkranzkönigin* (1675) eines unbekannten Künstlers.

Die großartigen und überlebensgroßen Figuren unter der Orgelempore stellen *Jesus als Schmerzensmann* und *Maria als Schmerzensmutter* (wahrscheinlich Meister der Hallstätter Kreuzigung, um 1710) und die Heiligen *Nepomuk* und *Gertrud* (Simeon Fries, um 1704) dar.

In den **Kapellenaltären** (entstanden 1675–89) sind Skulpturen von Thomas Schwanthaler (Benedikts- oder Sakramentsaltar und Altar der Heiligen Familie, beide linker Hand), Simeon Fries (Altar der Heiligen Sippe, vorne rechts) und Wolf Weißenkirchner (Altar der Vierzehn Nothelfer, hinten rechts) zu sehen. Wunderschön sind die mit Intarsien verzierten *Beichtstühle* (Simon Thaddäus Baldauf, Mitte 18. Jh.).

Die geschwungenen **Wandbilder** mit *Geschichten aus dem Leben der Heiligen Benedikt, Wolfgang, Maurus und Placidus* stammen vom ›Kremserschmidt‹ (1765).

87 Kapelle zum hl. Antonius von Padua

Teil eines sehr idyllisch gelegenen Wohnsitzes mit Schloss, Taverne und Wirtschaftshof.

Söllheim
Bus 4 bis Langwied und Bus 4 A bis Mayrwies Post

Baumeister der im 17. Jh. errichteten Kapelle war wahrscheinlich Gaspare Zuccalli, von dem bedeutende Kirchen in Salzburg stammen. Hier finden sich auf kleinstem Raum alle Formen einer ›großen‹ Kirche: längsovaler Grundriss mit Kuppel und Dachreiter. Toskanische Pilaster gliedern die Außenwände, ionische die Innenwände.

Auf dem *Hochaltar* befindet sich das Altarbild mit der Darstellung des populären Schutzheiligen Antonius, während die verschiedenen Freskenfelder in der Kuppel Legenden aus seinem Leben erzählen. An der Straße vor der Kapelle steht die Statue des hl. Nepomuk von Josef Anton Pfaffinger (1727).

88 Pfarrkirche zum hl. Michael und Schloss Neuhaus

Kirche mit reizvoller Ausstattung und Schlossromantik.

Gnigl
Bus 2 bis Reisenbergerstraße

Die **Pfarrkirche zum hl. Michael** in der Eichstraße, die 1732–38 nach Plänen von Tobias Kendler erbaut wurde, besticht vor allem durch ihre einheitlich spätbarocke

Ausstattung. Den Stuck schuf Johann Kleber, die Altarbilder stammen von Jakob Zanusi, die Statuen von Josef Anton Pfaffinger. Älter als die Kirche ist das Wappen des Erzbischofs Johann Ernst von Thun von 1696 über dem Hauptportal.

Nahe der Pfarrkirche liegt **Schloss Neuhaus** (Kühbergstraße 1, nicht öffentlich zugänglich). Das schon im 13. Jh. erwähnte Gebäude ließ sich Erzbischof Eberhard III. 1424 zum Sommersitz umbauen. Ab 1508 befand sich hier ein Pflegegericht. 1851 erwarb Oswald Graf Thun das gotische Gebäude und verwandelte es in ein romantisches Schlösschen.

89 Pfarrkirche zum Kostbaren Blut

Dieser Bau begründete die moderne Sakralarchitektur Österreichs.

Geißmayerstraße 6, Salzburg Parsch
Bus 6 bis Fadinger Straße

Durch Umbau des St. Petrischen Bauernhofes entstand 1955/56 für den ›Orden zum Kostbaren Blut‹ einer der bedeutendsten österreichischen Kirchenbauten des 20. Jh. Den **Entwurf** dazu, der auch den gewölbten Stall miteinbezieht, lieferte das junge Architektentrio Wilhelm Holzbauer, Friedrich Kurrent und Johannes Spalt, Schüler von Clemens Holzmeister, die sich zur ›Arbeitsgruppe 4‹ zusammengeschlossen hatten. Ihren Spitznamen ›Talstation Gottes‹ verdankt die Kirche dem Glockenstuhl mit vorgezogenem, verglastem Pultdach. Zur **Ausstattung** trugen Oskar Kokoschka, der die von Rudolf Karl Fischer ausgeführten Gravuren der Betontüren entwarf, und Fritz Wotruba, von dem die Betonfigur des *Gekreuzigten* über dem Hauptportal stammt bei.

90 Villa Trapp

Pilgerstätte für Schlagerfans aus Amerika und Japan.

Traunstraße 34
Tel. 06 62/63 08 60
www.villa-trapp.cc
Bus 7 bis Überfuhrstraße/Diakonie

Die **Villa Trapp** war 1923–38 Wohnsitz der österreichischen Gesangsfamilie Trapp. In den 1930er-Jahren feierte sie große Er-

folge in Europa. Nach dem Anschluss Österreichs an Nazi-Deutschland emigrierte die Familie in die USA, weil Georg Ludwig Trapp Repressionen wegen seiner monarchistischen Gesinneung vermeiden wollte. Auch in Amerika traten die Trapps in ausverkauften Hallen auf. Ihren bis heute anhaltenden Nachruhm verdanken sie freilich dem Hollywoodfilm ›Sound of Music‹ (1964). Besonders in Amerika und Asien hat der Film bis heute eine Vielzahl begeisterter Anhänger, die Salzburg in erster Linie wegen dieses Films besuchen. So mancher von ihnen steigt in dem Hotel ab, das mittlerweile in der Villa Trapp beheimatet ist.

91 Schloss und Park Aigen

Ein gutes Restaurant lädt zur Einkehr auf dem weiten Schlossgelände.

Schwarzenbergpromenade 37, Aigen
Bus 7 bis Überfuhrstraße/Diakonie

In einem Nebengebäude von Schloss Aigen befindet sich das **Gasthaus Schloss Aigen** (Tel. 06 62/62 12 84, www.schloss-aigen.at, Di/Mi geschl.) mit einem gemütlichen Gastgarten im Hof.

Bescheiden nimmt sich das dreigeschossige **Schloss** mit seiner im 19. Jh. umgestalteten Fassade aus. Es ist in Privatbesitz und kann nicht besichtigt werden. Gleiches gilt für den weitläufige **Naturpark** dahinter. In den 1720er-Jahren wurde er gestaltet. In einen Landschaftsgarten englischer Art wandelte Domherr Anton Willibald Graf Wolfegg den Park um, und folgende Besitzer ließen ihn bis 1909 verschönern und erweitern.

92 Hangar 7

Ein Flugzeughangar als Stätte der Begegnung von Kunst, Technik und gehobener Lebensart.

Salzburg Airport, Wilhelm-Spazier-Straße 7 A
Tel. 06 62/21 97
www.hangar-7.com
tgl. 9–22 Uhr
Bus 2 bis Karolingerstraße

Schon architektonisch ist der Hangar 7 am Salzburger Flughafen überraschend: Das glasumhüllte Bauwerk von 2003 erinnert an einen glasbespannten Flügel. Dietrich Mateschitz, Eigner des Energy-Drink-Abfüllers Red Bull und reichster Mann Österreichs, baute ihn für seine Luftakrobaten, die *Flying Bulls* (www.flyingbulls.at). Sie vollführen wagemutige Flugmanöver auf historischen Flugzeugen. Einige von ih-

Grüner Hain: der englische Landschaftsgarten von Schloss Aigen

nen, etwa eine Douglas DC-6B, die B-25J Mitchell, ein Eurocopter AS 355 N oder drei Alphajets sind im Salzburger Hangar 7 versammelt.

Auch mehrere Formel-1-Rennwägen sind im Hangar 7 zu sehen. Denn Sebastian Vettel, der deutsche Doppel-Formel 1-Weltmeister, fuhr seine Siege in Boliden des Red Bull-Rennteams ein. Ein weiterer Schwerpunkt im Hangar 7 ist die Spitzengastronomie: Im *Restaurant Ikarus* verwöhnen internationale Starköche in monatlichem Wechsel die Gäste. Hochrangige Kunstausstellungen und Events begleiten und ergänzen das vielfältige Angebot.

Überhaupt ist Red Bull aus Salzburg nicht wegzudenken: Die Firma hat ihren Sitz im nur wenige Kilometer entfernten Fuschl am See, und auch das 2003 eröffnete Fußballstadion trägt den Namen des Konzerns – genauso wie die dort spielende Erstligamannschaft.

Luftige Aussichten: historische Flugzeuge der Flying Bulls im Hangar 7

93 Salzburger Freilichtmuseum

TOP TIPP *Faszinierendes Ensemble von Bauernhäusern des Salzburger Landes.*

Hasenweg, Großgmain
Tel. 06 62/85 00 11
www.freilichtmuseum.com
April–Okt. Di–So 9–18 Uhr, Juli/Aug. tgl. 9–18 Uhr, letzter Einlass 17 Uhr
Postbus 180 bis Freilichtmuseum

Auf einer 50 ha großen Fläche inmitten des Naturparks Untersberg wurden 60 historische Bauernhöfe, Handwerkshäuser und Mühlen des 16. bis 19. Jh. aus der ländlichen Umgebung Salzburgs wieder errichtet und zu einem Dorf zusammengestellt.

Stolze Greifvögel

Beim Spaziergang durch das Museum wird man in die alte Zeit zurückversetzt und steht staunend vor den schlichten und doch so kunstvollen Gebäuden. Dabei lernt man die unterschiedlichen regionalen Haus- und Hofformen kennen. In den Häusern stehen alten, teilweise erstaunlich einfache Arbeitsgeräte, die auch vorgeführt werden. Korbflechter, Klöpplerinnen oder Seiler führen vor, wie mit ihnen gearbeitet wurde. Auch ein altes Klassenzimmer in einem Mesner-

Auf einem 113 m hohen Felskegel über der Salzach thront Burg Hohenwerfen

haus ist zu sehen. Sogar eine Natur-Kneippanlage gibt es.

Anschließend lädt die historische Gaststätte Salettl in ihrer uriger Stube oder im lauschigen Garten zum Verzehr bodenständiger Hausmannskost.

94 Burg Hohenwerfen

Mittelalterliche Festungsarchitektur und majestätische Greifvögel.

Burgstraße 2, 5450 Werfen
Anfahrt über A 10, 40 km ab Salzburg
Tel. 0648/7603
www.salzburg-burgen.at
April Di–So 9.30–16, Mai–Sept. tgl. 9–17, Okt., Nov. tgl. 9.30–16 Uhr

Südlich von Salzburg erheben sich Hagengebirge und Tennengebirge mit ihren mächtigen Bergriesen. Im Bleikogel steigt das Tennengebirge auf immerhin 2411 m an. Inmitten dieser imposanten Bergwelt steht die Burg Hohenwerfen auf einem schroffen Vorberg hoch über der Salzach.

Den Grundstein für die Festung ließ Erzbischof Gebhard im Jahr 1077 legen, also ungefähr zur gleichen Zeit wie für Hohensalzburg [Nr. 29]. Anlass war der damals tobende Investiturstreit zwischen Kaiser und Papst. Gebhard hatte sich auf die Seite des Heiligen Stuhls geschlagen und musste nun einen Angriff des Kaisers auf sein Erzbistum befürchten – dagegen wollte er gewappnet sein.

In den folgenden Jahrhunderten bauten die Salzburger Erzbischöfe Hohenwerfen immer weiter aus. Ihre heutige Gestalt verdankt sie Erzbischof Johann Jakob (1515–1586). Unter dem Eindruck der Bauernkriege ließ er die Vorburg zur Salzach hin befestigen, die mächtigen Bollwerke um das Hauptgebäude errichten und einen Pulverturm erbauen, in dem gewaltige Mengen Munition gelagert werden konnten.

Ein Rundgang durch Hohenwerfen führt in düstere Verliese und durch rustikal-edel eingerichteten Fürstenzimmer. Im Zeughaus sind all die Waffengattungen versammelt, mit denen Ritter und Soldaten die Festung verteidigten.

Eine ritterliche Tradition pflegt der **Historische Landesfalkenhof** auf Burg Hohenwerfen. Seine Falkner veranstalten Flugvorführungen mit Habichten, Falken und Adlern. Sogar die Züchtung der stolzen Vögel ist bereits gelungen.

Historische Bauernhöfe in reizvoller Umgebung im Salzburger Freilichtmuseum

SALZBURGER
LANDESTHEATER
SALZBURG STATE THEATRE
LANDESTHEATER
SCHAUSPIEL
Johann Wolfgang von Goethe
SALZBURGER
LANDESTHEATER
Zehn Monate im Jahr Oper, Schauspiel, Ballett
und Jugendtheater auf höchstem Niveau.
Das lebendige Vierspartenhaus im Herzen Salzburgs.
Salzburger Landestheater \ Schwarzstraße 22
+43 (0) 662 / 87 15 12-222 \ www.salzburger-landestheater.at

Salzburg aktuell A bis Z

Vor Reiseantritt

ADAC Info-Service:
Tel. 018 05 10 11 12 (0,14 €/Min.)

Unter dieser Telefonnummer können ADAC Mitglieder auch kostenloses **Informations-** und **Kartenmaterial** anfordern. Außerdem ist im ADAC Verlag der *Reiseführer Österreich* erschienen.

ADAC im Internet:
www.adac.de
www.adac.de/reisefuehrer

Salzburg im Internet:
www.salzburg.info
www.salzburgerland.com
www.stadt-salzburg.at

Informationen über Hotels, Restaurants und Veranstaltungen erhält man bei:

Österreich-Werbung, Postfach 83, A-1043 Wien, www.austria.info, Tel. 00800 400 200 00, gebührenfrei

Tourismus Salzburg, Auerspergstr. 6, A-5020 Salzburg, Tel. 06 62/88 98 70, www.salzburg.info. Kein Parteienverkehr, nur Auskünfte.

Allgemeine Informationen

Reisedokumente

Reisende nach Österreich benötigen einen *Reisepass* oder *Personalausweis*. Für Jugendliche unter 16 Jahren wird ein Kinder-Reisepass oder -Personalausweis bzw. ein Eintrag im Elternpass verlangt.

Kfz-Papiere

Führerschein und *Zulassungsbescheinigung Teil 1* müssen mitgeführt werden. Die Internationale Grüne Versicherungskarte wird empfohlen, da sie als Versicherungsnachweis dient und bei Unfällen die Abwicklung erleichtert. Es empfiehlt sich, eine Kurzkasko- und Insassenversicherung abzuschließen.

Krankenversicherung und Impfungen

Die *Europäische Krankenversicherungskarte* ist in die Versicherungskarte integriert. Sie wird in ganz EU-Europa anerkannt und garantiert die medizinische Grundversorgung.

Zusätzlich empfiehlt sich der Abschluss einer Auslands-Reisekranken- und Rückholversicherung.

Hund und Katze

Für Hunde und Katzen ist bei Reisen innerhalb der EU ein gültiger, vom Tierarzt ausgestellter EU Heimtierausweis mit gültiger Tollwutimpfung vorgeschrieben, ebenso die Kennzeichnung mittels Mikrochip oder Tätowierung. Ab einer Schulterhöhe von 50 cm sind Hunde an der Leine zu führen, Maulkorbmitnahme wird empfohlen.

Zollbestimmungen

Waren für den persönlichen Gebrauch obliegen *innerhalb der EU* keinen Beschränkungen und dürfen abgabenfrei eingeführt werden. Es gelten allerdings Richtmengen für den Privatreisenden: 800 Zigaretten, 400 Zigarillos, 200 Zigarren, 1 kg Tabak, 10 l Spirituosen, 20 l Zwischenerzeugnisse, 90 l Wein (davon max. 60 l Schaumwein), 110 l Bier.

Bei Reisen *in und durch Drittländer* (Schweiz) dürfen zollfrei mitgeführt werden: 200 Zigaretten, 50 Zigarren oder 250 g Tabak, 1 l Spirituosen über 15 Volumenprozent oder 2 l Wein oder andere alkoholische Getränke bis 15 Volumenprozent, 50 ml Parfum oder 250 ml Eau de Toilette, 500 g Kaffee und 100 g Tee. Die angegebenen Höchstmengen gelten anteilig innerhalb der gesetzlichen Freigrenze von 300 CHF. Nähere Informationen beim Schweizer Zoll unter www.ezv.admin.ch.

Geld

Die gängigen *Kreditkarten* werden in Banken, Hotels und den meisten Geschäften akzeptiert. An zahlreichen Geldautomaten kann man rund um die Uhr Bargeld abheben.

Tourismusämter

Hauptbahnhof: Bahnhofsvorplatz, Tel. 06 62/88 98 73 40, tgl. 9–18 Uhr

Mozartplatz: Mozartplatz 5, Tel. 06 62/88 98 73 30, tgl. Mo–Sa 9–18 Uhr

Salzburg Flughafen: Innsbrucker Bundesstr. 95, Info-Terminal

Salzburg Süd: Autobahnabfahrt Süd, Alpenstraße, P & R Parkplatz, Tel. 06 62/88 98 73 60, Info-Terminal

Die **Salzburg Card** mit einer Gültigkeit von 24, 48 oder 72 Stunden (Mai-Okt. 25/34/40 €, Nov.–April 22/30/35 €) bietet freien, einmaligen Eintritt zu den Sehenswürdigkeiten der Stadt, freie Fahrt mit den öffentlichen Verkehrsmitteln, inkl. Salzach-Schiff, Festungs- und Untersbergbahn, außerdem Ermäßigungen beim Besuch kultureller Veranstaltungen sowie Vergünstigungen bei vielen Ausflugszielen. Die Salzburg Card ist bei Tourismusämtern und Kartenbüros sowie Hotelrezeptionen oder online erhältlich. Auskünfte sowie Buchungen unter Tel. 06 62/88 98 70, cards@salzburg.info, www.salzburg.info

Notrufnummern

Notruf: Tel. 112 (EU-weit, auch mobil)

Polizei: Tel. 133

Unfallrettung/Notarzt: Tel. 144

Pannenhilfe des ÖAMTC: Tel. 120 (auch mobil, rund um die Uhr), www.oeamtc.at

ADAC Notrufstation Wien: Tel. 01/251 20 60 (rund um die Uhr)

ADAC Notrufzentrale München: Tel. 00 49/89/22 22 22 (rund um die Uhr)

ADAC Ambulanzdienst München: Tel. 00 49/89/76 76 76 (rund um die Uhr)

Touring Club Schweiz
TCS Zentrale Hilfsstelle: Tel. 00 41/(0)2 24 17 22 20, www.tcs.ch

Fundbüro

Fundamt, Stadt Salzburg, Schloss Mirabell, Mirabellplatz 4 (Mo–Do 7.30–16, Fr 7.30–13 Uhr), Tel. 06 62/80 72 35 80 oder 09 00 60 02 00 (max. 1,36 €/Min., Mo–Fr 8–18 Uhr), www.fundamt.gv.at

Diplomatische Vertretungen

Honorarkonsulat der Bundesrepublik Deutschland, Schwarzstr. 16, 5020 Salzburg, Tel. 06 62/880 20 11 21, salzburg@hk-diplo.de

Besondere Verkehrsbestimmungen

Tempolimits: Für PKW, Motorräder und Wohnmobile bis 3,5 t innerorts 50 km/h, außerhalb geschlossener Ortschaften 100 km/h, auf Autobahnen 130 km/h. Auf folgenden Autobahnen 22–5 Uhr nur 110 km/h: Tauernautobahn (A 10), Inntalautobahn (A 12), Brennerautobahn (A 13) und Rheintalautobahn (A 14).

80 m vor und nach *Bahnübergängen* darf nicht überholt werden. *Vorfahrtsberechtigte* verlieren durch Anhalten die Vorfahrt. An *Schulbussen* darf nicht vorbeigefahren werden, wenn die Warnblinkanlage und die gelb-roten Warnleuchten eingeschaltet sind. Beim *Abschleppen* darf die Warnblinkanlage nicht eingeschaltet sein. Auch Motorradfahrer müssen einen *Verbandskasten* mitführen.

Gelbe Zick-Zack-Linien bedeuten *Halte-* und *Parkverbot*. Kindern ist stets das Überqueren der Fahrbahn zu ermöglichen.

Telefonieren während der Autofahrt ist nur mit Freisprecheinrichtung gestattet. Jede Person, die im Falle einer Panne oder eines Unfalls außerhalb geschlossener Ortschaften den Wagen verlässt, muss eine reflektierende *Warnweste* tragen.

Winterreifenpflicht: 1. Nov.–15. April

Die *Promillegrenze* liegt bei 0,5.

Anreise

Auto

Aus Deutschland erreicht man Salzburg über die Autobahn A 8 München–Salzburg, aus Österreich über die A 1 Wien–Salzburg oder über die Tauernautobahn A 10 Villach–Salzburg. Von der Schweiz kommend fährt man über den Arlbergpass und die Inntalautobahn A 12 auf die A 8 München–Salzburg. Auf Autobahnen und einigen Schnellstraßen in Österreich besteht **Mautpflicht** (Vignetten sind erhältlich in ADAC Geschäftsstellen und an grenznahen Tankstellen). Wer nur Salzburg besuchen und die Mautzahlung vermeiden will, sollte die A 8 an der Ausfahrt 115/Freilassing verlassen und dann die B 20 über Freilassing nehmen.

Parkmöglichkeiten in Salzburg

Die Altstadt ist Fußgängerzone, es gibt jedoch ausreichend Parkplätze und -häuser in zumutbarer Laufweite. Falschparker werden zügig abgeschleppt. In der Stadt kann man gut aufs Auto verzichten, alle Attraktionen sind problemlos zu Fuß zu erreichen.

P+R (Park and Ride, gebührenpflichtig)

P+R-Süd: Alpenstraße (Autobahnabfahrt Süd), Tel. 06 62/80 72 23 92, 330 Parkplätze (tgl. 0–24 Uhr), Busverbindung ins Zentrum

P+R-Messezentrum: Am Messezentrum 1 (Autobahnabfahrt Messegelände), Tel. 06 62/24 04 42, 3400 Parkplätze (tgl. 0–24 Uhr), Busverbindung ins Zentrum

Parkgaragen und -häuser (gebührenpflichtig)

Altstadt-Garagen: Hildmannplatz, Tel. 00 62/84 64 34, 1347 Parkplätze, direkt im Zentrum (tgl. 0–24 Uhr)

Bahnhof-Garage: Südtiroler Platz, Tel. 06 62/87 10 13, 155 Parkplätze (tgl. 0–24 Uhr)

Forum-1-Garage: Südtiroler Platz 13, 350 Parkplätze (tgl. 0–24 Uhr)

Hypo-Garage: Petersbrunnstr. 3 (im Nonntal), Tel. 06 62/80 46 22 09, 104 Parkplätze (tgl. 0– 24 Uhr)

Mirabell-Congress-Garage, Mirabellplatz, Tel. 06 62/87 66 04, 700 Parkplätze (tgl. 0–24 Uhr)

Parkhaus Landeskrankenhaus: Müllner Hauptstr. 48, Tel. 06 62/448 20, 467 Parkplätze (tgl. 0–24 Uhr)

Parkgarage Auersperg: Auerspergstr. 4, Tel. 06 64/ 829 40 27, 100 Parkplätze (tgl. 0–24 Uhr)

Parkgarage Linzer Gasse: Glockengasse 4, Tel. 06 62/ 87 84 44, 400 Parkplätze (tgl. 0–24 Uhr)

Parkgarage Zentrum im Berg ZIB: Fürbergstr. 18–20, Tel. 06 62/64 53 38, 630 Parkplätze (tgl. 0–24 Uhr)

Raiffeisen-Garage: Schwarzstr. 13–15, Tel. 06 62/ 88 86 21 76, 172 Parkplätze (tgl. 7–24 Uhr)

Renaissance-Garage: Fanny-von-Lehnert-Str. 7, Tel. 06 62/468 80, 480 Parkplätze (tgl. 0–24 Uhr)

Parkplätze (gebührenpflichtig)

Airport: Innsbrucker Bundesstr. 95, Tel. 06 62/85 80 79 11, 3000 Parkplätze (tgl. 0–24 Uhr)

Basteigasse, Basteigasse, Tel. 06 62/ 84 57 88, 40 Parkplätze (tgl. 0–24 Uhr)

Hellbrunn, in Schloss und Zoonähe, Tel. 06 62/820 37 20, 260 Parkplätze

Kajetanerplatz, Kajetanerplatz, Tel. 06 62/84 54 81, 42 Parkplätze (tgl. 0–24 Uhr)

Mirabellparkplatz, Mirabellplatz 5a, Tel. 06 62/87 66 04, 180 Parkplätze (keine Parkmöglichkeit am Markttag Do bis 15 Uhr oder Mi, wenn Do Feiertag ist)

Mülln, Lindhofstr. 7, Tel. 06 62/43 12 46, 380 Parkplätze (tgl. 0–24 Uhr)

Petersbrunn, Erzabt-Klotz-Straße (im Nonntal, Tel. 06 62/84 11 18, 67 Parkplätze (tgl. 0–24 Uhr)

Rot-Kreuz, Franz-Josef-Kai, Tel. 06 62/814 40, 110 Parkplätze (Mo–Fr 7.30-23, Sa 7.30–18 Uhr)

Bahn

Salzburg ist ein internationaler Eisenbahnknotenpunkt und besitzt auch ein AutoZug Terminal. Nach der Ankunft am Hauptbahnhof, Südtiroler Platz, geht es weiter mit dem Taxi (Stand rechts vor dem Haupteingang) oder zu Fuß in etwa 15 Min. bis Schloss Mirabell, von dort sind es noch 15 Min. bis in die Altstadt.

Am besten nimmt man einen der Busse (Linien 1, 2, 3, 5, 6, 25 und 840) die vom Hauptbahnhof ins Zentrum fahren, vorbei an Schloss Mirabell in die Altstadt. Bei der Hin- und Rückfahrt zu beachten ist die unterschiedliche *Lage der Haltestellen* auf den beiden Uferseiten der Salzach, entsprechend der Einbahnstraßenregelung für den Verkehr im Altstadtbereich.

Fahrplanauskunft:

Deutschland

Deutsche Bahn, Tel. 01 80/51 25 12

Österreich

Österreichische Bundesbahn, Tel. 05 17 17, www.oebb.at

Schweiz

Schweizerische Bundesbahnen, Tel. 09 00 30 03 00, www.sbb.ch

Flugzeug

Der **Salzburg Airport W. A. Mozart** liegt etwa 4 km südwestlich der Altstadt. Er ist erreichbar mit den Stadtbus-Linien 2, 8, 27 (Service-Tel. 06 62/44 80 15 00, www.stadtbus.at, Fahrzeit ca. 20 Min.) oder per Taxi.

Flugauskunft: Tel. 06 62/85 80 79 11, www.salzburg-airport.com

Bank, Post, Telefon

Bank

Öffnungszeiten: Die Banken sind im Allgemeinen Mo–Fr 8.30–12.30 und 13.30–15 Uhr, Do bis 15.30 Uhr geöffnet.

Post

Öffnungszeiten: Mo–Fr 8–18 Uhr. Postfilialen in der Innenstadt: Residenzplatz 9, Südtiroler Platz 1, Makartplatz 6, Schrannengasse 10 c.

Briefmarken und Telefonkarten erhält man auch in den Tabaktrafiken.

Telefon

Internationale Vorwahlen:
Österreich 00 43
Deutschland 00 49
Schweiz 00 41
Es folgt die Ortsvorwahl ohne die Null.

Vorwahl Salzburg: 06 62

Für *öffentliche Fernsprecher* empfiehlt sich die Benutzung von Telefonkarten, die in Postämtern und Tabaktrafiken erhältlich sind. *Mobiltelefone* funktionieren problemlos.

Einkaufen

Öffnungszeiten: Die Geschäfte sind im Allgemeinen Mo–Fr 8–18 Uhr (ein- bis zweistündige Mittagspause möglich), Do bis 19.30, Sa 8–12, teils bis 17 Uhr, geöffnet, wobei branchenweise Abweichungen bestehen.

Einkaufsadressen findet man links der Salzach um die Getreidegasse bis zu den Festspielhäusern, der Mozartplatz, die Kaigasse, der Alte Markt sowie rechts der Salzach um die Linzer Gasse, den Makart- und den Mirabellplatz. Das **Designer Outlet Salzburg** (Kasernenstraße 1, www.designer-outlet-salzburg.at) ist ein interessantes Ziel für alle, die günstige Markenkleidung suchen.

Antiquitäten

Antiquitäten im Glasergewölbe, Katharina Baumgartner, Goldgasse 16, Tel. 06 62/841 31 40. Porzellan, Miniaturen, Glas, Möbel, Gemälde.

Deco Art, Wiener-Philharmoniker-Gasse 1, Tel. 06 62/84 17 52. Fantastischer Modeschmuck der 1930er–1950er-Jahre, Interieurs, Geschenke.

Juwelen Antiquitäten Ulf Englich, Getreidegasse 3/Universitätsplatz 16 (Schatz-Durchhaus), Tel. 06 62/84 33 39. Silber, Schmuck, Porzellan, Glas, Gemälde 15.–19. Jh.

Juwelier Gerhard Lährm, Universitätsplatz 5, Tel. 06 62/84 34 77, www.laehrm.com. Antike Juwelen, Uhren und selbst entworfener Schmuck.

Antiquariat-Kunsthandlung Müller, Goldgasse 12, Tel. 06 62/84 63 38, www.kunsthandlung-mueller.at. Grafiken, alte Stadtansichten und Landkarten.

Maria Pintar, Dreifaltigkeitsgasse 4, Tel. 06 62/87 44 10, www.schmuck-pintar.at. Schmuck und Silberobjekte des 20. Jh., v.a. Jugendstil und Art déco.

Kunstgalerien

Galerie Altnöder, Sigmund-Haffner-Gasse 3, 1. Stock, Tel. 06 62/84 14 35, www.galerie-altnoeder.com. Zeitgenössische österreichische Kunst.

Galerie Heinze, Giselakai 15, Tel. 06 62/87 22 72. Zeitgenössische Kunst, Zeichnungen, Wiener Werkstätte, Malerei der Klassischen Moderne, Kunst nach 1945.

Galerie Mario Mauroner Contemporary Art, Residenzplatz 1, Tel. 06 62/84 51 85, www.galerie-mam.com. Internationale Gegenwartskunst.

Galerie Nikolaus Ruzicska, Faistauergasse 12, Tel. 06 62/63 03 60, www.ruzicska.com. Internationale zeitgenössische Kunst.

Galerie Salis & Vertes, Mozartplatz 4, Tel. 06 62/84 45 23, www.salisvertes.com. Impressionismus, Klassische Moderne, Pop Art.

Galerie Seywald, Rainbergstraße 3c , Tel. 06 62/84 04 26, www.galerie-seywald.at. Zeitgenössische Kunst.

Galerie Thaddeus Ropac, Mirabellplatz 2, Tel. 06 62/88 13 93, www.ropac.net. Internationale Moderne und Gegenwartskunst.

Galerie UBR Ulrike Reinert, Auerspergstr. 51, Tel. 06 62/87 07 86, www.ubr-galerie.com. Engagierte Galerie für junge Künstler aus dem deutschsprachigen Raum.

Galerie Weihergut, Biberngasse 31, Tel. 06 62/82 18 30 und Linzergasse 25, Tel. 06 62/87 91 19, www.weihergut.at . Zeitgenössische Kunst.

Galerie Welz, Sigmund-Haffner-Gasse 16, Tel. 06 62/84 17 710, www.galerie-welz.at. Österreichische und internationale Klassische Moderne.

Leica Galerie, Mirabellplatz 8, Tel. 06 62/87 52 54, www.leica-galerie-salzburg.at. International renommierte Fotokunst.

Salzburger Kunstverein, Hellbrunner Str. 3, Tel. 06 62/842 29 40, www.salzburger-kunstverein.at. Zeitgenössische Kunst [Nr. 24].

Kunsthandwerk

Christines Geschenke, Linzer Gasse 50, Tel. 06 62/87 14 53, www.puppenhausbau.at. Krippen und Puppenhäuser sowie Miniaturen zu deren Ausstattung.

Drechslerei Lackner, Badergasse 2, Tel. 06 62/84 23 85, www.woodart.at. Holzfiguren, Hinterglasmalerei, Krippen, antike und neue Bauernmöbel.

Glasgalerie und -schleiferei Fritz Kreis, Sigmund-Haffner-Gasse 14, Tel. 06 62/84 17 68. Traditionelle und moderne Glasarbeiten.

Florian Haderer, Pfeifergasse 3, Tel. 06 62/84 14 73. Beim ›Haderer‹ gibt es strapazierfähiges und in alter Handwerkstradition hergestelltes Schuhwerk.

TOP TIPP **Salzburger Heimatwerk**, Residenzplatz 9, Tel. 06 62/84 41 10, www.sbg.heimatwerk.at. Hat sich zur Aufgabe gemacht, Traditionen in möglichst unverfälschter und unverkitschter Form zu pflegen: Trachten, Stoffe, Accessoires und Kunsthandwerk.

Märkte

TOP TIPP **Grünmarkt:** Universitätsplatz, Sa auch in der Wiener-Philharmoniker-Gasse, www.stadt-salzburg.at, Mo–Fr 7–19, Sa 6–15 Uhr. Große Auswahl an Lebensmittelspezialitäten und Blumen.

Schrannenmarkt: Mirabellplatz um die Andräkirche, www.salzburgerschranne.at, Donnerstag (oder Mittwoch, wenn Donnerstag ein Feiertag ist), 5–13 Uhr. Frische Lebensmittel, Obst, Gemüse, Blumen, Backhuhn und Würstel.

Winzermarkt: Cornelius-Reitsamer-Platz/Linzer Gasse, Mitte April–Mitte Mai Fr 12–23, Sa 10–19 Uhr. Österreichs Winzer verkaufen ihre Produkte zu ›Ab-Hof-Preisen‹.

Trachten

Beurle Trachten, Neutorstr. 23, Tel. 06 62/84 31 19., www.beurletrachten.com. Trachten aus eigener Herstellung in einer hübschen Barockvilla.

Collins Hüte, Klampferergasse 6 und Alter Markt 1, Tel. 06 62/84 27 03, www.collins-hats.at. Hüte und Mode.

Dschulnigg, Griesgasse 8, Tel. 06 62/842 37 60, www.jagd-dschulnigg.at. Jagdbekleidung und Trachtenmode.

Forstenlechner Trachten, Mozartplatz 4, Tel. 06 62/84 37 66, www.salzburg-trachtenmode.at. Tracht und Mode.

Geschwister Lanz, Schwarzstr. 4, Tel. 06 62/87 42 72, www.lanztrachten.at. Hochwertige Trachten.

Jahn-Markl, Residenzplatz 3, Tel. 06 62/84 26 10, www.jahn-markl.at. Wildlederbekleidung und Trachten.

Madl am Grünmarkt, Universitätspl. 12, Tel. 06 62/84 54 57, www.madlsalzburg.at. Haute Couture, Tracht und Accessoires.

Stassny-Trachten, Getreidegasse 35, Tel. 06 62/84 23 57, www.stassny.at. Riesenauswahl edler Trachtenmode für Damen, Herren und Kinder.

Wenger, Getreidegasse 29, Tel. 06 62/84 16 77. Trachten und Landhausmode.

Essen und Trinken

Was jeder Salzburgbesucher sofort mit hiesiger Esskultur assoziiert, sind die Salzburger Nockerln und die Mozartkugeln. Tatsächlich gibt es keine wirklich eigenständige Salzburger Küche, sondern man

Tracht ist Trumpf in Salzburg und ein Klassiker der Modeschöpfung bei Stassny

findet hier eine stark von der bayerischen und Wiener Küche geprägte Kochkunst.

Während der Festspielzeiten zu Ostern, Pfingsten und im Sommer entfallen oft die Ruhetage, Reservierung empfohlen.

Raucherbereiche in Restaurants bzw. Gaststätten und Kneipen für Raucher sind entsprechend gekennzeichnet.

Regionale Küche

Augustiner Bräu, Müllner-Bräustübl, Kloster Mülln, Augustinergasse 4, Tel. 06 62/43 12 46, www.augustinerbier.at. Rustikales Traditionslokal mit großem Gastgarten und hausgebrautem Bier.

Bärenwirt, Müllner Hauptstr. 8, Tel. 06 62/ 42 24 04, www.baerenwirt-salzburg.at. Das gutbürgerliche Wirtshaus bietet wochentags ein günstiges Mittagsmenü.

Blaue Gans, Getreidegasse, Tel. 06 62/, www.blauegans.at. Traditionelle österreichische Küche auf hohem Niveau neu interpretiert. Vom Gastgarten kann man zudem den Blick auf Festspielhaus und Pferdeschwemme genießen (So geschl.).

Brandstätter, Münchner Bundesstraße 69, Tel. 06 62/43 45 35, www.hotel-brand staetter.com. Das etwas außerhalb in Liefering gelegene Restaurant verdiente sich eine Gault-Millaut-Haube. Auf der Speisekarte stehen u.a. Haussulz, Salat mit Kalbskopf, Backhendel, gratinierte Schinkenfleckerl, Schokoladensoufflé (So geschl.).

Die Weiße, Rupertgasse 10, Tel. 06 62/ 87 22 46, www.dieweisse.at. Zünftiges Bierlokal mit eigener Weißbierbrauerei (So geschl.).

K + K Restaurant am Waagplatz, Waagplatz 2, Tel. 06 62/84 21 56, www.kkhotels.com. Die vielen kleinen Gaststuben auf vier Stockwerken bieten feine österreichische Speisen und erlesene Weine.

Krimpelstätter, Müllner Hauptstr. 31, Tel. 06 62/43 22 74, www.krimpelstaetter.at. Traditionelle Küche (So/Mo geschl.).

Schloss Aigen, Schwarzenbergpromenade 37, Tel. 06 62/62 12 84, www.schloss-aigen.at. Gutbürgerliche Küche. Die Spezialität sind Rindfleischgerichte [s.S.114].

s' Herzl, Herbert-von-Karajan-Platz 5–7, Tel. 06 62/808 48 89 www.goldenerhirsch salzburg.at. Gemütlicher ›Ableger‹ vom Goldenen Hirsch für Normalsterbliche.

Sternbräu, Griesgasse 23/Getreidegasse 34, Tel. 06 62/84 21 40, www.sternbraeu.com. Der bürgerliche Großgasthof bietet solide Hausmannskost.

TOP TIPP **Stieglkeller**, Festungsgasse 10, Tel. 06 62/84 26 81, www.imlauer.com. Besonders empfehlenswert ist der Biergarten in luftiger Höhe mit Blick auf die Altstadt (Jan.–März geschl., Okt.–Dez. nur Sa/So geöffnet) [s.S.57].

TOP TIPP **Stiftskeller St. Peter**, Stiftsbezirk 1/4, Tel. 06 62/84 12 68, www.stpeter-stiftskeller.at. Die gemütlichen Klosterstuben, die heutzutage ein feines Restaurant beherbergen, existieren schon seit 803. Zu empfehlen sind klassische österreichische Gerichte wie Tafelspitz und Kalbsbeuschl [s.S.50].

TOP TIPP **Wilder Mann**, Getreidegasse 20, Tel. 06 62/84 17 87, www.wilder mann.co.at. Deftige Salzburger Küche. Rustikal und urig, aber gut (So geschl.).

Zum Strasserwirt, Leopoldskronstr. 39, Tel. 06 62/82 63 91, www.zumstrasserwirt.at. Traditionslokal mit Gastgarten (Mai–Sept. Mo geschl., Okt.–April Mo/Di geschl.).

Gourmetrestaurants

Alt Salzburg, Bürgerspitalgasse 2, Tel. 06 62/84 14 76, www.altsalzburg.at. Kleines, feines Altstadtlokal zwischen Pferdeschwemme und Bürgerspital (Mo mittag/So geschl.).

Esszimmer, Müllner Hauptstr. 33, Tel. 06 62/87 08 99, www.esszimmer.com. Abwechslungsreiche Kulinarik. Kleine Karte mit vier Menüs. (So/Mo geschl.).

TOP TIPP **Goldener Hirsch**, Herbert-von-Karajan-Platz 5–7, Tel. 06 62/ 808 48 61, www.goldenerhirsch salzburg.at. Berühmter Traditionstreff des Festspielpublikums. Hier speist man österreichische und internationale Spezialitäten in landestypischem Dekor.

Ikarus, Hangar 7, Salzburg Airport, Wilhelm-Spazier-Str. 7 a, Tel. 06 62/21 97 77, www.hangar-7.com. Im Restaurant zaubern Meisterköche aus aller Welt in monatlichem Wechsel am Herd.

Brunnauer im Magazin, Augustinergasse 13, Tel. 06 62/ 841 58 40, www.magazin.co.at. Ausgezeichnete Küche und hervorragende Weinbar (So geschl.).

m32, Mönchsberg 32, Tel 06 62/84 10 00, www.m32.at. Restaurant, Café, und Bar im Museum der Moderne Salzburg Mönchsberg. Design von Matteo Thun,

Köstlicher Kaiserschmarrn mit Apfelmus

Vanillerostbraten oder Salzburger Nockerln?

Die Salzburger Küche ist eher deftig als übermäßig verfeinert. Oft beginnt das Mahl mit einer der zahlreichen Suppen. Berühmtestes Tellergericht ist der **Tafelspitz**, ein mageres gekochtes Rindfleisch, das meist mit Kartoffeln und Spinat serviert wird. Vor dem **Vanillerostbraten** muss der ahnungslose Esser gewarnt werden. Es handelt sich hierbei nicht um eine exotische Spezialität, sondern um reiche Würzung mit Knoblauch (der Vanille des armen Mannes, wie es so schön heißt).

Ein Gedicht sind die Süßspeisen, sprich: Mehlspeisen, allen voran natürlich die **Salzburger Nockerln**, ein essbarer Traum aus Eischnee, Dotter und etwas Zucker. Daneben werden **Strudel** in allen möglichen Variationen und mit vielerlei Füllungen angeboten. Herrlich sind die **Palatschinken** (gefüllte Eierkuchen), ein köstlich-lockerer **Kaiserschmarrn** oder die schmackhaften **Marillenknödel** mit ihrer Umhüllung aus Kartoffelteig. Zu guter Letzt dürfen natürlich auch die **Mozartkugeln** nicht vergessen werden, eine mit feiner Schokolade überzogene Masse aus Pistazien und Marzipan – ein ideales Mitbringsel, falls Sie sie nicht vorher selbst verspeisen. Nach dem Originalrezept hergestellte Mozartkugeln bekommt man im Café Fürst [s.S.129].

Über viele Jahrhunderte hinweg importierten die Salzburger lieber bayerisches **Bier**, denn das eigene, häufig unter der Regie der Fürstbischöfe gebraut, schmeckte ihnen nicht besonders. Inzwischen hat sich das aber geändert. Die drei Salzburger Brauereien heißen übrigens Augustiner-Bräu, Stiegl-Brauerei und Kleine Weißbierbrauerei. Eigenen **Weinanbau** gibt es in der Gegend um Salzburg herum kaum.

köstliches Essen und ein atemberaubender Blick auf die Stadt (Mo geschl.).

Pan e Vin Restaurant, Gstättengasse 1, Tel. 06 62/84 46 66, www.panevin.at. Exquisite mediterrane Küche und reiche Weinauswahl.

Pfefferschiff, Söllheim 3, Hallwang, Tel. 06 62/66 12 42, www.pfefferschiff.at. Das Restaurant wird für die international inspirierte Küche und erlesene Weinkarte gerühmt (Di–Fr mittag, So/Mo geschl.).

TOP TIPP **Riedenburg**, Neutorstr. 31, Tel. 06 62/83 08 15, www.riedenburg.at. Mit Michelin-Stern ausgezeichnet, Landhausambiente (So/Mo geschl.).

Schlosswirt zu Anif, Salzachtalbundesstr. 7, Anif, Tel. 062 46/721 75, www.schloss wirt-anif.com. Hier speisen Hautevolée und Festspielkünstler (So/Mo geschl.).

Würstel mit Kultstatus – die ›Bosna‹

Allgemeiner Beliebtheit bei Salzburgern und Touristen aus aller Welt erfreuen sich nicht nur die süßen Leckereien, heiß begehrt ist auch die deftig-würzige Bosna, eine Art Salzburger Hot-Dog. Vom **Balkan-Grill** (s. rechts), einem winzigen Fensterimbiss im Durchhaus zwischen Getreidegasse und Pferdeschwemme, trat sie 1957 ihren Siegeszug durch Österreich an.

Im Original besteht die Wurstspezialität aus gegrillten Schweinsbratwürstchen, die paarweise mit Zwiebeln, frischer Petersilie und einer geheim gehaltenen Würzmischung in einem längs aufgeschnittenen Weißbrot verkauft werden.

Erfunden wurde die Bosna unter dem Namen *Nadanizer* 1949 vom Bulgaren Zanko Todoroff im Müllnerbräu, der sich mit einem Imbissstand im Durchhaus Getreidegasse 33, dem heutigen Balkan-Grill, selbstständig machte. Da sich den ursprünglichen Namen niemand merken konnte, wurde sie umgetauft. Inzwischen ist die Bosna in vielerlei Variationen genauso Kult wie der Balkan-Grill selbst.

Internationale Küche

Carpe Diem, Finest Fingerfood, Getreidegasse 50, Tel. 06 62/84 88 00, www.carpediem.com. Edel und schick, dazu der gleichnamige Öko-Drink.

Pomodoro, Eichstr. 54, Tel. 06 62/64 04 38. Spitzenitaliener nahe der Pfarrkirche zum hl. Michael [s. S. 114] im Stadtteil Gnigl (Mo/Di/Mi geschl.).

Prosecco, Nonntaler Hauptstr. 55, Tel. 0662/83 40 17. Italienische Küche in schönem Ambiente. Fantastisch im Sommer: der Garten und die Terrasse.

SOG, Erzabt-Klotz-Str. 21, Tel. 06 62/83 18 27. Bar-Trattoria. In zwanglos-jugendlicher Atmosphäre werden vorzügliche Pizzas aufgetischt (So geschl.).

Zum Buberlgut, Gneiser Straße 31, Nonntal, Tel. 06 62/82 68 66. Regionales mit mediterranem Einschlag (Di geschl.).

Kleine Speisen

Di Renzi – Prosciutteria & Enoteca, Linzergasse 4, Tel. 06 76/84 14 96 20, www.direnzi.at. An sonnigen Tagen stehen Tische vor dem Lokal, dann ist es hier besonders nett.

Fasties, Lasserstr. 19, Tel. 06 62/87 38 76 (Sa/So geschl.) und Pfeiffergasse 3, Tel. 06 62/84 47 74, www.fasties.at. Italienisch und österreichisch (So geschl.).

Feinkost Reichl, Wiener-Philharmonikergasse 3, Tel. 06 62/84 27 53, www.feinkost-reichl.at. Delikatesssen, Antipasti und kleine Gerichte in Stehen. Mittagstisch.

Balkan-Grill, Getreidegasse 33, (im Durchhaus zur Pferdeschwemme), Tel. 06 62/84 14 83. Meist wartet vor dem Imbiss eine lange Schlange auf die Original-Bosna (So geschl.).

Szenetreffs

Steinterrasse, Giselakai 3-5, Tel. 06 62/88 20 70, www.hotelstein.at. Die Dachterrasse des Hotel Stein mit herrlichem Salzburg-Panorama ist tagsüber Café und abends trendige Bar.

Triangel, Wiener-Phiharmoniker-Gasse 7, Tel. 06 62/84 22 29, www.triangel-salzburg.at. Szenetreff gegenüber dem Festspielhaus (So geschl.).

Cafés und Konditoreien

TOP TIPP **Bazar**, Schwarzstr. 3, Tel. 06 62/87 42 78, www.cafe-bazar.at. Ein echtes ›Wiener Kaffeehaus‹ mit angenehmer Atmosphäre, verführerischen Köstlichkeiten und schöner Terrasse an der Salzach. Es gibt Salate, Fleisch- und Nudelgerichte.

Café Cult, Hellbrunner Str. 3, Tel. 06 62/84 56 01, www.salzburger-kunstverein.at. Im Künstlerhaus cool eingerichtet von der bekannten Architektin Elsa Prohaska. Es gibt kleine Gerichte mit frischen Zutaten der Saison: Salat, Fleisch, Fisch, Nudeln und viel Vegetarisches (2.–5. Sa im Monat, So geschl.).

Fingerlos, Franz-Josef-Str. 9, Tel. 06 62/87 42 13. Die Petit Fours sind nach Weltklasse. Ausgezeichnet schmeckt auch die Vollwertkost (Mo geschl.).

Fürst, Alter Markt, Brodgasse 13, Tel. 06 62/84 37 59, www.original-mozartkugel.com. Niemals endende Diskussionen führen Pralinenexperten über die gewichtige Frage: ›Fürst‹ oder ›Schatz‹ – wo gibt's die besten Mozartkugeln?

Ratzka, Imbergstr. 45, Tel. 06 62/64 00 24. Winzige Konditorei mit köstlichen Backwaren (So/Mo geschl.).

TOP TIPP **Schatz**, Getreidegasse 3, Tel. 06 62/84 27 92, www.schatz-konditorei.at. Die Traditionskonditorei mit kleinem Café, hübsch gelegen im Schatz-Durchhaus, bietet hervorragende selbstgefertigte Mozartkugeln. Geschenktipp: Salzburger Biedermeier-Sträußerl mit Mozartkugeln.

TOP TIPP **Tomaselli**, Alter Markt 9, Tel. 06 62/84 44 88, www.tomaselli.at. Hier ging schon Mozart ein und aus. Wer das Glück hat, einen Platz – möglichst auf der Terrasse! – zu ergattern, der genieße die süßen und zarten Backwaren im hinreißenden Ambiente.

Feiertage

Neujahr (1. Jan.), Heilig-Drei-König (6. Jan.), Ostermontag, Tag der Arbeit (1. Mai), Christi Himmelfahrt, Pfingstmontag, Fronleichnam, Mariä Himmelfahrt (15. Aug.), Nationalfeiertag (26. Okt.), Allerheiligen (1. Nov.), Mariä Empfängnis (8. Dez.), Christ- und Stephanitag (25. und 26. Dez.).

Festivals und Events

Feste

Detaillierte Angaben über Veranstaltungen gibt es in dem monatlichen Veranstaltungsprogramm, das in allen Salzburg-Informationsstellen [s. S. 121] erhältlich ist.

Januar/Februar

Sternsingen (1.–6.1.), **Glöcklerlauf** (5.1.) und **Aperschnalzen** (6.1.) sind uralte Bräuche zur Austreibung des Winters (›aper‹ = schneefrei).

Mozartwoche, Stiftung Mozarteum, Theatergasse 2, Tel. 06 62/87 31 54, www.mozarteum.at. Jeweils um Mozarts Geburtstag am 27. 1. beginnt die traditionsreiche Konzertreihe, die klassische sowie moderne Musik umfasst.

Fahnenschwingen und Metzgersprung, Sankt-Peter-Bezirk (Faschingssonntag). Turbulent amüsante Traditionsveranstaltung zur ›Reinwaschung‹ neuer Fleischergesellen und -gesellinnen.

März/April

Osterfestspiele Salzburg, Kartenbüro der Salzburger Festspiele, Herbert-von-Karajan-Platz 11, Tel. 06 62/804 55 00, www.salzburgfestival.at

Georgiritt und -kirchweih (am Wochenende um den Georgstag 23. April), samstags wird nach einem Salut und dem Bieranstich das Fest am Kapitelplatz offiziell eröffnet, am Sonntag morgen führt der Georgi-Ritt vom Kapitelplatz durch die Altstadt zur Festung hinauf, wo nach der Messe in der Georgskapelle die Pferdesegnung im Burghof stattfindet.

Salzburger Kaffeehauskultur, wie es sich gehört: das Tomaselli am Alten Markt

Mai/Juni

Maibaumaufstellen (1.5.): Der entrindete und mit bunten Bändern sowie einem mit Würsten und Brezeln behängten Laubkranz geschmückte Fichtenstamm wird nach seiner Aufstellung im Freilichtmuseum Großgmain [Nr. 98] bei einem Kletterwettkampf junger Burschen von seiner essbaren Dekoration befreit.

Pfingstfestspiele, Kartenbüro der Salzburger Festspiele, Herbert-von-Karajan-Platz 11, Tel. 0662/8045500, www.salzburgfestival.at

Salzburger Dult, Messezentrum, Tel. 0662/240450, www.dult.at. Einwöchiger Jahrmarkt auf dem Messegelände mit Festzug und Bindertanz (Ende Mai/Anfang Juni)

Gaisbergrennen, Tel. 0662/829033, www.src.co.at. Anfang Juni bevölkern historische Automobile Salzburgs Zentrum, um ihre Pferdestärken zu messen.

Sommersonnenwende auf der Salzach und in umliegenden Orten (22., 23., 24.6.).

Juli/August

Sommerszene, Anton-Neumayr-Platz 2, Tel. 0662/843448, www.sommerszene.net. Kunstfestival mit Tanz-, Theater-, Musik und Ausstellungen.

Salzburger Festspiele, Kartenbüro der Salzburger Festspiele, Herbert-von-Karajan-Platz 11, Tel. 0662/8045500, www.salzburgfestival.at

Schifferstechen auf der Salzach, veranstaltet vom Oberndorfer Schifferschützenkorps (Aug.).

September

Rupertikirtag und -schießen, Kirchweihfest rund um den Dom und das Wettschießen auf der Festung Hohensalzburg (24.9.)

Oktober/November

Salzburger Jazz-Herbst, Tel. 01/5048500, www.salzburgerjazzherbst.at. Jazzfestival mit Konzerten internationaler Stars an verschiedenen Veranstaltungsorten der Stadt.

Dezember

Christkindlmärkte (in der Adventszeit) auf Dom- und Residenzplatz (bis 26.12.), auf dem Mirabellplatz, vor Schloss Hellbrunn (bis 24.12.)

Krampusläufe (1. Dezemberwoche) in der historischen Altstadt, u.a: Getreidegasse

Salzburger Adventserenaden (1.–4. Advent), Bürgerspitalgasse 2, Tel. 0662/436870, www.adventserenaden.at. Klassik, Volksmusik, Weihnachtslieder im Gotischen Saal der Blasiuskirche.

Adventssingen (1.–3. Advent), Großes Festspielhaus, Tel. 0662/843182, www.salzburgeradventssingen.at. sowie weitere vorweihnachtliche Veranstaltungen wie ›Tobi-Reiser-Adventsingen‹, ›Alpenländischer Advent‹, ›A b'sondere Zeit‹

Anklöckeln (Anklopfen), ein christlich umgedeuteter heidnischer Brauch zur Ankündigung des Christkinds, bei dem man mit Glocken durch die Straßen zieht (erste drei Dezember-Donnerstage)

Wilde Jagd am Untersberg, polternder glückverheißender Umzug in den Rauhnächten (13.12.)

Weihnachtsblasen vor der Festung (24.12.) und **Turmblasen** (31.12.).

Kultur live

Kartenvorverkauf

Kartenbüro Neubaur, Europastr. 1 (im Europark), Tel. 0662/845110, www.neubaur.at

Panorama Tours & Travel, Schrannengasse 2, Tel. 0662/8832110, www.panoramatours.com

Polzer Travel und Ticketcenter, Residenzplatz 3, Tel. 0662/8969, www.polzer.com

Raiffeisen Ticketservice, in jeder Raiffeisenbank, Tel. 0662/88864441, www.oeticket.com.

Salzburg Ticket Service, Touristeninformation, Mozartplatz 5, Tel. 0662/840310, www.salzburgticket.com

Ticket Shop, Getreidegasse 5, Tel. 0662/847767, www.mozartfestival.at

Konzerte

Festungskonzerte, Direktion, Anton-Adlgasser-Weg 22, Tel. 0662/825858, www.mozartfestival.at. Kammermusik auf der Festung das ganze Jahr über.

Residenzkonzerte, Residenz, tgl. 15 Uhr. Klassische Musik auf historischen Instrumenten.

Schlosskonzerte, Konzertdirektion, Theatergasse 2, Tel. 0662/848586, www.salzburger-schlosskonzerte.at. Kammerkonzerte in Schloss Mirabell.

Zauberhafte Kulisse für bezaubernde Konzertklänge: Mozarteum

Musik liegt in der Luft

Es gibt wohl kaum eine andere Stadt mit einem so reichhaltigen Musikangebot, angefangen von volkstümlicher Musik und Kirchenmusik über die sinfonischen Konzerte bis hin zu einem der bedeutendsten Musikereignisse überhaupt, den weltberühmten Salzburger Festspielen.

Eingebettet in ein noch sehr lebendiges Brauchtum, haben sich im Laufe des 20. Jh. bedeutende, jährlich wiederkehrende musikalische Höhepunkte etabliert: Die **Mozartwoche** findet Ende Januar statt. Die **Osterpassion** wird im Kleinen Festspielhaus zelebriert. Die **Osterfestspiele** wie auch die **Pfingstkonzerte** wurden von Herbert von Karajan begründet, der mit seinen jahrzehntelangen Aktivitäten der Musikstadt Salzburg eine auch programmmäßig gesehen größere Bedeutung gegeben hat.

Anfang Juli findet die **Sommerszene** statt. Im Anschluss daran ist es dann soweit, der Höhepunkt des Salzburger Jahres: die **Salzburger Festspiele**! Danach wird es etwas ruhiger. Die Vorweihnachtszeit begeht man mit dem **Adventssingen** an den ersten drei Wochenenden im Advent.

›Hauptaustragungsorte‹ all dieser Veranstaltungen sind: Mozarteum, Festspielbezirk, Residenz, Festung Hohensalzburg, Schloss Mirabell sowie Schloss und Park Hellbrunn. Dass dazwischen noch Zeit für ein ›ganz normales‹ Musikleben bleibt, ist kaum zu glauben. Aber ein Blick in den Veranstaltungskalender zeigt, dass praktisch kein Tag ohne musikalisches Ereignis verstreicht.

Theater

Fast vergisst man angesichts des Festspielspektakels, dass Salzburg zu jeder Jahreszeit eine sehr lebendige Theaterkultur besitzt. Im *Großen Festspielhaus* werden Opern und Konzerte aufgeführt. Eher bunt gemischt ist das Programm des *Landestheaters*: Komödien, Klassiker, Opern, Operetten, Musicals und Ballett.

Großes Festspielhaus, Hofstallgasse 1, Kartenbüro: Herbert von Karajan Platz 11, Tel. 06 62/804 55 00, www.salzburgfestival.at

Salzburger Landestheater, Schwarzstr. 22, Tel. 06 62/871 51 22 22, www.salzburger-landestheater.at

Schauspielhaus Salzburg, im Petersbrunnhof, Erzabt-Klotz-Str. 22, Tel. 06 62/808 50, www.schauspielhaus-salzburg.at

Eine Salzburger Besonderheit soll nicht unerwähnt bleiben: die zahlreichen Puppentheater mit ihren prall gefüllten und anspruchsvollen Spielplänen. Am berühmtesten ist das *Marionettentheater*, das ganze Mozartopern auf die Bühne bringt und keineswegs nur Kindern Freude macht. Speziell für Kinder ist dagegen das Programm des *Puppentheater Sindri* ausgerichtet, das regelmäßig in Stiegl's Brauwelt gastiert.

Mozarts Zauberflöte – eine Opernaufführung im Marionettentheater

Marionettentheater, Schwarzstr. 24, Tel. 06 62/872 40 06, www.marionetten.at

Puppentheater Sindri, in Stiegl's Brauwelt, Bräuhausstr. 9, Tel. 06 62/83 31 93 oder Tel. 06 50/883 31 93, www.sindri.at

Rock und Jazz

ARGEkultur, Josef-Preis-Allee 16, Tel. 06 62/84 87 84, www.argekultur.at. Kabarett

Jazzit, Elisabethstr. 11/5, Tel. 06 62/ 919 49 23, www.jazzit.at. Jazzclub und Bar (Mo geschl.).

Republic, Anton-Neumayr-Platz 2, Tel. 06 62/84 34 48 13, www.republic.at. Bar, Theater und Club in einem, es gibt Kabarett, Tanz und Musik.

Rockhouse, Schallmooser Hauptstr. 46, Tel. 06 62/884 91 40, www.rockhouse.at. Das breite musikalische Spektrum reicht von Jazz, Rock, Pop, Folk, Blues, Metal, Punk, Crossover, Underground bis hin zu zeitgenössischer Musik und Avantgarde.

Salzburgarena, Messezentrum 1, www.salzburgarena.at. Große Konzerte, Events und Sportveranstaltungen.

Urban-Keller, Schallmooser Hauptstr. 50, Tel. 06 62/87 08 94, www.urbankeller.com. Jazz, Theater und Live-Musik in historischem Haus aus dem Jahr 1636.

Kinos

Cineplexx Salzburg City, Fanny-von-Lehnertstr. 4, Tel. 06 62/46 01 01, www.cineplexx.at. Mainstream

Das Kino, Giselakai 11, Tel. 06 62/87 31 00, www.daskino.at. Engagiertes Programmkino, das z.B. das Bergfilmfestival organisiert

Elmo Kino, St.-Julien-Str. 5, Tel. 06 62/87 23 73, www.elmokino.at. Programmkino, außerdem Hollywood-Blockbuster im Original.

Mozartkino, Kaigasse 33, Tel. 06 62/ 84 22 22, www.mozartkino.at

OVAL Die Bühne im Europark, Europastr. 1, Tel. 06 62/44 20 21 31, www.oval.at. Kabarett und Theater

Internationale Sommerakademien

Vor allem während der Festspielzeit werden in Salzburg zahlreiche Kurse und Seminare aus den Bereichen Musik, Theater und Bildende Kunst angeboten.

Internationale Sommerakademie für Bildende Kunst, Juli/Aug. Festung Hohensalzburg, Tel. 06 62/84 21 13, sonst Franziskanergasse 5 a, Tel. 06 62/84 37 27, www.summeracademy.at. Von renommierten Künstlern geleitete Kurse in Malerei, Zeichnung, Plastik, Architektur, Fotografie, Radierung, Lithografie, Video und Goldschmiedekunst. Das Programm geht auf die 1953 von Oskar Kokoschka initiierte ›Schule des Sehens‹ [s. S. 59] zurück. Die Kurse finden an drei Veranstaltungsorten statt: Festung Hohensalzburg, Alte Saline auf der Pernerinsel in Hallein sowie Marmorsteinbruch Untersberg in Fürstenbrunn (im Juli/Aug.).

Internationale Sommerakademie Mozarteum, Schwarzstr. 26, Tel. 06 62/ 61 98 45 01, www.moz.ac.at. Seit 1916 bietet diese Sommerakademie ein umfangreiches Repertoire an musikalischen Meisterkursen (im Juli/Aug.).

Nachtleben

Die Nachtschwärmer Salzburgs tummeln sich vornehmlich im Viertel um Rudolfskai, Imbergstraße und Steingasse. Am Rudolfskai hat sich eine ganze Ausgehmeile für die Jugend etabliert.

Bars und Nachtlokale

Chez Roland, Giselakai 15, Tel. 06 62/ 87 43 35, www.chez-roland.com. Treff für die Kreativen aller Altersgruppen im Kapuzinerberg – z. T. mit Felswänden.

Felsenkeller, Toscaninihof 2, Tel. 06 62/ 84 31 76. Original-Weinkeller im Mönchsberg. Samstag Livemusik (So geschl.).

Pepe Cocktailbar, Steingasse 3, Tel. 06 62/87 36 62, www.pepe-cocktail bar.at. Südamerikanisch (So/Mo geschl.).

Segabar, Rudolfskai 18 und 26, Tel. 06 62/ 84 68 98 www.segabar.at Angesagte Adressen an der Fortgehmeile Nr. 1. Junges Publikum um die 20.

Clubs und Diskotheken

Half Moon, Anton-Neumayr-Platz 4, www.halfmoon.at. Täglich wechselnder Musikstil, mal Groove und Beat, mal House (Do–Sa 22–5 Uhr).

Take Five, Gstättengasse 7, www.club-takefive.com. Ableger des berühmten Kitzbühler Clubs (Do–Sa 22–5 Uhr, Bar auch Di/Mi 18-4 Uhr).

Kasino

Casino Salzburg im Schloss Klessheim, Wals-Siezenheim, Tel. 06 62/85 44 55, www.salzburg.casinos.at. Spieltische tgl. ab 15 Uhr: French und American Roulette, Black Jack, Poker, Red Dog, Glücksrad. Automaten schon ab 12 Uhr [Nr. 96].

Sport

Bäder

Badessee Liefering, Schmiedingerstr., Tel. 06 62/43 24 40, Mai–Mitte Sept. tgl. 9–19 Uhr. Große Liegeflächen, sanitäre Anlagen, Imbisse. Eintritt frei. Das Mitbringen von Hunden ist verboten.

Freibad Alpenstraße, Franz-Hinterholzer-Kai 8, Tel. 06 62/62 08 32, Mai–Mitte Sept. tgl. 9–19 Uhr. Mit zwei beheizbaren Becken und einem Planschbecken.

Freibad Leopoldskron, Leopoldskronstr. 50, Tel. 06 62/82 92 65, Mai–Mitte Sept. tgl. 9–19 Uhr. Erlebnisbecken mit einer 72 m langen Rutsche, Zehn-Meter-Turm, Inseln, Fontänen, Palmen sowie einem attraktiven Kinderbereich.

Freibad Volksgarten, Hermann-Bahr-Promenade 2, Tel. 06 62/62 34 11, Mai–Mitte Sept. tgl. 9–19 Uhr. Ältestes beheiztes Freibad der Stadt (seit 1892). Zwei Schwimmbecken, ein Kinder- und ein Planschbecken.

Paracelsus Bad & Kurhaus, Auerspergstr. 2, Tel. 06 62/88 35 44 22, www.paracelsus bad.at, Mo–Fr 10–20, Sa, So 10–19 Uhr. Das Hallenbad bietet ein Sportbecken mit Kletterwand, ein Kinderbecken mit Piratenschiff, Rutsche sowie eine Sauna.

Waldbad Anif, Waldbadstr. 1, Anif, Tel. 062 45/702 92, www.waldbadanif.at, Mai–Mitte Sept. tgl. 9–19 Uhr. Idyllisch gelegener Badesee mit Tauchparcours, Kinderkletterpark, Beachvolleyball- und Bocciaplätzen.

Eislaufen

Eisarena, Hermann-Bahr-Promenade 2, Tel. 06 62/62 34 11 43 73, Nov.–März tgl. 10–

Für flotte Nachtschwärmer: Abtanzen im schicken Gewölbe der Diskothek Half Moon:

16.15, Mo, Mi, Sa auch 19.45–21.30 Uhr. Überdachte Kunsteisbahn im Volksgarten.

Fußball

FC Red Bull Salzburg, Stadionstraße 2/3, Wals-Siezenheim, Tel. 06 62/43 33 32, www.redbulls.com

Golf

Golf und Country Club Salzburg Klessheim, Klessheim 21, 5071 Wals, Tel. 06 62/85 08 51, www.golfclub-klessheim.com. 9-Loch-Platz im Schlosspark.

Weitere Adressen in der Umgebung Salzburgs sind erhältlich bei:

Österreichischer Golf-Verband, Marxergasse 25, 1030 Wien, Tel. 01/505 32 45 15, www.golf.at

Klettern

City Wall, Glockengasse 4c, Tel. 06 62/84 92 91, www.akzente.net. Klettersteig durch die Nordwand des Kapuzinerbergs, für geübte Kletterer und mit Anmeldung (März–Juni geschl.).

Kletterparcours Müllner Schanze, oberhalb der Müllner Kirche, Tel. 06 62/80 72 25 01, www. stadt-salzburg.at. 12 Kletterrouten (Schwierigkeitsgrade III–VI), Bouldern, Slacklining, Seilklettergarten.

Reiten

Reiterhof Moos, Moosstr. 135, Tel. 06 62/ 82 50 24, http://members.aon.at/wwalkner. Ganzjährig geöffnet, Mo/Di geschl.

Reitzentrum Doktorbauer, Eberlingasse 5, Tel. 06 62/82 20 56, www.reitzentrum-doktorbauer.at. Ganzjährig geöffnet

Tennis

Salzburger Tennis-Club, Ignaz-Rieder-Kai 3, Tel. 06 62/62 24 03, www.salzburger-tennisclub.at. Halle: ganzjährig, im Freien: April–Okt.

Stadtbesichtigung

Aussichtspunkte

Humboldt-Terrasse, Mönchsberg [Nr.78].
Festung Hohensalzburg [Nr.29]
Hettwer-Bastei, Kapuzinerberg [Nr.56]
Wallfahrtskirche Maria Plain [Nr.94]

Oder man macht einen Ausflug auf den Salzburger Hausberg, den Untersberg (Dr. Ödlweg 2, Gartenau/St. Leonhard, 10 km südl. von Salzburg, Tel. 062 46/724 77, www.untersbergbahn.at. Juli–Sept. tgl. 8.30–17.30 Uhr, März/Juni, Okt. tgl. 8.30–17, Mitte Dez.–Febr. tgl. 9–16 Uhr, im April 14 Tage und im Nov. geschl.)

Fiaker

Fiaker sind die einzigen Fahrzeuge, die in der Altstadt erlaubt sind. Sie passen gut zur Atmosphäre und zum Tempo Salzburgs. Der Standplatz befindet sich auf dem Residenzplatz.

Akos Benkö, Fiaker- & Pferdemietwagenunternehmen, Moosstr. 125, Tel. 06 64/453 38 25, www.fiaker-salzburg-benkoe.at

Fiaker Ernst Schmeisser, Glockenmühlstr. 6, Tel. 06 62/64 38 38, www.fiaker.cc

Fiaker Franz Winter, Kugelhofstr. 20/2, Tel. 06 62/43 58 94, www.fiaker-salzburg.at

Stadtführungen

Salzburg Guide Service, Linzer Gasse 22, Tel. 06 62/84 04 06, www.salzburg-guide.at

Stadtrundfahrten

Panorama Tours & Travel, Schrannengasse 2, Tel. 06 62/883 21 10, www.panoramatours.com. Klassische Rundfahrten und mit thematischem Schwerpunkt, Ausflüge in die Region oder ins benachbarte deutsche Umland.

Salzburg Sightseeing Tours, Mirabellplatz 2, Tel. 06 62/88 16 16, www.salzburg-sightseeingtours.at. Hop On Hop Off Stadtrundfahrt mit oder ohne Schiffstour sowie klassische Stadtrundfahrten und Ausflüge ins Umland.

Statistik

Bedeutung: Landeshauptstadt des gleichnamigen Bundeslandes. Viertgrößte Stadt Österreichs (150 000 Einwohner, Stand 2012). Alte Bischofsstadt (seit dem 8. Jh.) und Sitz eines Erzbistums. Geburtsstadt von Wolfgang Amadeus Mozart (1756), weltbekannte Festspielstadt (seit 1920). Sitz der Universität Mozarteum für Musik und darstellende Kunst. Das bekannte äußere Erscheinungsbild (barocke Altstadt, Festung, Stadtberge, Salzach), das große kulturelle Angebot, ein ausgeprägter Tourismus, eine dynamische Wirtschaft und die hohe Lebensqualität dokumentieren die Bedeutung der Stadt Salzburg.

Gemütlichkeit und Komfort vom Feinsten: Zimmer im Hotel Goldener Hirsch

Lage: 47°48' nördliche Breite – 13°02' östliche Länge – 425,25 m über dem Adriatischen Meer.

Fläche des Stadtgebietes: 65,678 km^2.

Wirtschaft: Eine große Rolle spielt mit ca. 5,6 Mio. Besuchern jährlich der Tourismus, die gewerblichen Beherbergungsbetriebe mit etwa 10 000 Betten zählten knapp 2,4 Mio. Übernachtungen (2011). Von den über 7000 Wirtschaftsbetrieben sind rund 60 % dem Handel und unternehmensbezogenen Dienstleistungen zuzuordnen. Im nahen Fuschl am See hat Red Bull seinen Firmensitz.

Stadtverwaltung: Gemeinderat mit 40 Mitgliedern, 1 Bürgermeister, 2 Bürgermeister-Stellvertreter, 2 Stadträte

Stadtfarben: Weiß und Rot

Stadtwappen: Das Stadtwappen zeigt in Rot eine mit Mauern umgebene dreitürmige silberne Burg mit goldenen Dächern und offenen Torflügeln.

Stadtpatron: (=Landespatron) hl. Rupert

Unterkunft

Der Gast hat die Qual der Wahl aus einer Palette, die vom Schlosshotel bis zum einfachen, gemütlichen Gasthof alles bietet. Die nachfolgende Zusammenstellung bietet eine Auswahl. Weitere Infos:

Zentraler Zimmernachweis Salzburg, Tel. 06 62/88 98 70, www.salzburginfo.at

Luxus-Hotels

*******Bristol**, Makartplatz 4, Tel. 06 62/ 87 35 57, www.bristol-salzburg.at. Klassisches Grandhotel mit Gourmetrestaurant.

*******Goldener Hirsch**, Getreidegasse 37, Tel. 06 62/808 40, www.goldenerhirsch salzburg.at. Das Haus pflegt seine über 500-jährige Geschichte betont traditionsbewusst mit originalen Bauernmöbeln und ursprünglichem Charme.

*******Hotel Sacher Salzburg**, Schwarzstr. 5–7, Tel. 06 62/88 97 70, www.sacher.com. Grand Hotel im Gründerzeitstil am Salzachufer. Mit Gourmetrestaurant und Café in Salzburger Kaffeehaustradition.

TOP TIPP *******Schloss Mönchstein**, Mönchsberg 26, Tel. 06 62/848 55 50, www.monchstein.com. Auf dem Mönchsberg gelegenes Haus mit edlem Ambiente, umgeben von einem großen Park. Mit exklusivem Restaurant.

First-Class-Hotels

******Altstadthotel Kasererbräu**, Kaigasse 33, Tel. 06 62/84 24 45, www.kasererbraeu.at. Rustikal und gediegen.

TOP TIPP ****arthotel Blaue Gans, Getreidegasse 41–43, Tel. 06 62/ 84 24 91 50, www.blauegans.at. Hotel in zentraler Lage mit künstlerisch gestalteten Zimmern – ein bewohnbares Kunstwerk.

****Brandstätter, Münchner Bundesstr. 69, Tel. 06 62/43 45 35, www.hotel-brandstaetter.com. Nobles Hotel mit hervorragendem Restaurant.

TOP TIPP ****Best Western Hotel Elefant, Sigmund-Haffner-Gasse 4, Tel. 06 62/84 33 97, www.elefant.at. Sehr zentral gelegen, gut ausgestattet und äußerst sympathisch.

****Haus Arenberg, Blumensteinstr. 8, Tel. 06 62/64 00 97, www.arenberg-salzburg.at. Elegantes Hotel unterhalb des Kapuzinerbergs.

****Hotel & Villa Auersperg, Auerspergstr. 61, Tel. 06 62/88 94 40, www.auersperg.at. Familiäres Stadthotel mit modernem Design, idyllischem Garten und Spa samt herrlicher Dachterrasse. Besondere Angebote für Familien.

TOP TIPP ****Rosenvilla, Höfelgasse 4, Tel. 06 62/62 17 65, www.rosenvilla.com. Liebevoll geführtes Haus mit idyllischem Rosengarten.

****Stein, Giselakai 3–5, Tel. 06 62/ 874 34 60, www.hotelstein.at. Design Hotel am Ufer der Salzach mit herrlichem Blick auf die Altstadt.

****Wolf-Dietrich Altstadthotel und Residenz, Wolf-Dietrich-Str. 7, Tel. 06 62/ 87 12 75, www.salzburg-hotel.at. Zentral und ruhig in der rechtseitigen Altstadt gelegenes Hotel in altem Stadtpalais.

****Wolf, Kaigasse 7, Tel. 06 62/84 34 53-0, www.hotelwolf.com. Das Hotel befindet sich in einem mittelalterliches Haus in extrem zentraler Lage. Vergleichsweise klein und intim.

Mittelklasse-Hotels

****Markus Sittikus, Markus-Sittikus-Str. 20, Tel. 06 62/87 11 21, www.markus-sittikus.at. Grundsolides Hotel in der Altstadt mit geschmackvoll eingerichteten Zimmern.

****Zum Hirschen, Saint-Julien-Str. 21-23, Tel. 06 62/88 00 30, www.zumhirschen.at. Bahnhofsnähe, bekanntes Restaurant, alter Gastgarten.

TOP TIPP ***Altstadthotel Amadeus, Linzer Gasse 43–45, Tel. 06 62/87 14 01, www.hotelamadeus.at. Schön hergerichtetes, 600 Jahre altes Bürgerhaus mit reizenden Zimmern.

***Altstadthotel Weisse Taube, Kaigasse 9, Tel. 06 62/84 24 04, www.weissetaube.at. Angenehm-familiäre Atmosphäre. Die Zimmer sind einfach, aber gemütlich eingerichtet.

***Gästehaus Eva-Maria, Sinnhubstr. 25, Tel. 06 62/82 92 54, www.gaestehausevamaria.at. Mitten im Grünen gelegene charmante Frühstückspension. 2 km in die Innenstadt.

***Hotel Garni Pension Freisaal, Erzabt-Klotz-Str. 19, Tel. 06 62/830 84 90. Familienbetrieb, stadtnah, mit Garten.

***Pension Chiemsee, Chiemseegasse 5, Tel. 06 62/84 42 08, www.sbg.at/hotel-chiemsee. Einfaches Hotel in erstklassiger Lage.

***Trumer Stube, Bergstr. 6, Tel. 06 62/87 47 76, www.trumer-stube.at. Ruhiges Hotel Garni in der Altstadt.

Preiswerte Hotels

***Star Inn Hotel, Hildmannplatz 5, Tel. 06 62/84 68 46, www.starinn.at. Beachtlicher Standard bei günstigem Preis. Altstadtnah am Ende des Neutors gelegen.

Neutor, Neutorstr. 8, Tel. 06 62/844 15 40, www.neutor.at. Nur drei Minuten sind es zum Festspielhaus. Der zentralen Lage sind die Straßengeräusche geschuldet.

Gästehaus im Priesterseminar, Dreifaltigkeitsgasse 14, Tel. 06 62/87749510. Herausragende Lage bei günstigem Preis, dafür wohnt man spartanisch und bekommt kein Frühstück.

Jugendherbergen

Jugend & Familiengästehaus Salzburg, Josef-Preis-Allee 18, Tel. 06 62/84 26 70, www.jfgh.at, 450 Betten

Jugendherberge Eduard-Heinrich-Haus, Eduard-Heinrich-Str. 2, Tel. 06 62/62 59 76, www.hostel-ehh.at, 138 Betten

Jugendherberge Haunspergstraße, Haunspergstr. 27, Tel. 06 62/87 50 30, www.lbsh-haunspergstrasse.at (Juli–Aug. geöffnet), 89 Betten

Junge Hotels Aigen, Aigner Str. 34, Tel. 06 62/62 32 48, www.lbsh-aigen.at

YOHO Salzburg – Internationales Jugendhotel, Paracelsusstr. 9, Tel. 06 62/87 96 49, www.yoho.at, 172 Betten

Camping

Camping Nord-Sam, Samstr. 22 a, Tel. 06 62/66 04 94, www.camping-nord-sam.com (April–Sept. geöffnet). Mit großem, beheizbarem Pool.

Camping Panorama Stadtblick, Rauchenbichlerstr. 21, Tel. 06 62/45 06 52, www.panorama-camping.at (Mitte März–Anfang Nov. geöffnet)

Camping Schloss Aigen, Weberbartlweg 20, Tel. 06 62/63 30 89, www.campingaigen.com (Mai–Sept. geöffnet)

Verkehrsmittel

Öffentliche Verkehrsmittel

Von der Salzburg AG (www.stadtbus.at) wird eine Broschüre herausgegeben, in der alle Buslinien, Preise der Fahrscheine und sonstige Tipps enthalten sind. Erhältlich ist sie im Hotel sowie den Tourismusinformationen.

Dort sind auch Tickets erhältlich: u.a. die günstige **Salzburg Card** für 24, 48 oder 72 Stunden, die auch die kostenlose Benutzung der öffentlichen Verkehrsmittel erlaubt [s. S. 122].

Seilbahnen und Lifte

Festungsbahn, Festungsgasse 4, Tel. 06 62/88 84 97 50, www.stadtbus.at. Mai–Aug. tgl. 9–22 Uhr, Sept. tgl. 9–21 Uhr, Okt.–April tgl. 9–17 Uhr, im Jan. und Nov. ca. 14 Tage wegen Revision geschl.

Mönchsbergaufzug, Gstättengasse 13, Tel. 06 62/88 84 97 72, www.stadtbus.at. Juli/Aug. tgl. 8–1 Uhr, Sept.–Juni Do–Di 8–19, Mi 8–21 Uhr.

Fahrradverleih

Top Bike, Rainerstr. 24a und Franz-Josef-Kai (April–Okt.), Tel. 06272/46 56, www.topbike.at

VELOactive, Willibald Hauthaler-Str. 10 (ganzjährig) oder Mozartplatz (Ostern–Okt.), Tel. 06 62/435 59 50

Mietwagen

Avis, Ferdinand-Porsche-Str. 7, Tel. 06 62/87 72 78, www.avis.at

Budget, Salzburg Airport, Innsbrucker Bundesstr. 95, Tel. 06 62/85 50 38, www.budget.at

Sixt, Salzburg Airport, Innsbrucker Bundesstr. 105, Tel. 06 62/856 05 10, www.sixt.com

Die **ADAC Autovermietung** GmbH bietet Mitgliedern Mietwagen zu günstigen Konditionen an. **Buchungen** in jeder ADAC Geschäftsstelle oder unter Tel. 018 05/10 11 12 (0,14 €/Min.)

Taxi

Funktaxis, Tel. 06 62/81 11, www.taxi.at

Taxistandplätze Innenstadt: Bahnhof, Hanuschplatz, Rudolfsplatz, Mönchsberglift, Makartplatz, Unfallkrankenhaus u. a.

Reger Verkehr: Stadtbusse am Theaterplatz

Register

Impressum

Chefredakteur: Dr. Hans-Joachim Völse
Textchefin: Dr. Dagmar Walden
Chef vom Dienst: Bernhard Scheller
Bildredaktion: Astrid Rohmfeld
Aktualisierung: Thomas Paulsen
Klappenkarten: ADAC e.V. Kartografie/KAR
Karten Innenteil: Mohrbach Kreative Kartographie
Layout: Martina Baur
Herstellung: Barbara Thoma
Druck, Bindung: Rasch Druckerei und Verlag
Printed in Germany

Ansprechpartner für den Anzeigenverkauf: Kommunalverlag GmbH & Co KG, MediaCenterMünchen, Tel. 089/92 80 96-44

ISBN 978-3-86207-017-6

Neu bearbeitete Auflage 2012

Bildnachweis

Titel: Blick auf den Salzburger Dom. Foto: Getty Images/Pritz Pritz

akg images: 15.3 (Album) – **Alimdi**: 2.3 (Wh. von 28), 23, 28 (Martin Siepmann), 41 (Heiner Heine), 63 (Sabine Lubenow), 117 (Gerhard Zwerger-Schoner) – **Oskar Anrather**: 71 – **Agentur Anzenberger**: 59, 96.2, 116 (Manfred Horvath) – **Associated Press**: 85 (G. Bally), 120.4 (Schaad) – **Bilderberg**: 10, 129, U4.2 (Wh.) (Rainer Drexel), 77.2 (Felipe J. Alcoceba) – **Rainer Drechsler/Fotex**: 67.1 – **dpa Picture Alliance**: 3.3 (Wh. von 74), 74 (dpa/Techt), 31 (Anrather), 56 (Imagno/Gerhard Trumler), 76 (Ursula Düren), 105.1 (dpa/Neumayr), 120.3 (dpa/Jansen), 131 (apa/Roland Schlager) – **F1 Online**: 3.1 (Wh. von 55), 55, 95 (Pritz), U4.1 – **fotolia**: U4.1 (Lonia) – **Half Moon**: 133 – **Hangar 7**: 118 – **Helene Hartl-Skupy**: 102 – **Hotel Goldener Hirsch**: 135 – **Hotel Schloss Mönchstein:** 103 – **Bildagentur Huber:** 1.1 (Wh. von 97), 3.2 (Wh. von 127), 11, 16/17, 21, 26, 51, 78, 97, 127 (R. Schmid), 9.2 (Spila)– **Internationale Stiftung Mozarteum**: 3.4 (Wh. von 69.1), 69.1– **Rainer Jahns**: 37, 110, 113 – **K+K Restaurant**: 1.3 (Wh. von 39), 39, 45 – **laif**: 7.2 (Heuer), 87, 98 (Luigi Caputo) – **Foto Löbl-Schreyer**: 42, 61 – **Look**: 104, 109 (Pompe) – **Mauritius**: 2.1 (Wh. von 6), 6 (Jose Fuste Raga), 20 (imagebroker/Gerhard Berger-Schoner), 43 (Uta und Horst Kolley), 57 (imagebroker/Martin Siepmann), 101, 120.2 (Weinhäupl), U4.2 (The Travel Library) – **Peter Mertz**: 64.2, 83.2, 88, 106, 114 – **MM-Vision Mathias Michel**: 94 – Eva Moosbrugger: 40 (Herman Seidl) – **Museum der Moderne Salzburg**: 72, 73, 104, 105 (M. Haader) – **Werner Neumeister**: 15.2, 80, 115 – **Residenzgalerie Salzburg**: 33 – Michael Rogosch: 64 oben – **Salzburg AG für Energie, Verkehr und Telekomunikation**: 58, 137 – **Salzburg Foundation**: 52, 82, 90 (Manfred Siebinger) – **Salzburg Museum**: 13 (2), 14, 15.1 (Salzburger Museum Carolino Augusteum), 35 oben (Peter Laub), 35 unten, 61 (Peter Eder), 79.1 (Spielzeug Museum/Kolarik), 112 (Peter Laub) – **Salzburger Burgen & Schlösser**: 118.1, 118.2 – **Salzburger Festspiele**: 1.2 (Wh. von S. 93), 7.1, 27 (Clärchen Baus-Mattar & Matthias Baus), 15.1 (Karl Forster), 75 (Monika Rittershaus), 77 oben, 93 (Archiv) – **Salzburger Freilichtmuseum**: 119 – **Salzburger Kunstverein**: 54 (Rainer Iglar) – **Schapowalow**: 128 (Irek) – **Verlag St. Peter**: 14 oben, 22, 89 (Reinhard Rinnerthaler), 53, 108 (F. Schreiber) – **Tourismus Salzburg GmbH**: 49, 67.2, 91, 96.1, 120.5, 132 – **Trachten Stassny**: 125 – **Ullstein Bild**: 69.2 (Imagebroker.net) – **Hanna Wagner**: 2.2 (Wh. von 62), 2.4 (Wh. von 81), 18/19, 24, 25, 32, 34, 47, 48, 50, 60, 62, 65, 66, 70, 81, 83.1, 99, 105.2, 111, 120.1– **Reinhard Weidl**: 12

1 Tag in Salzburg

Beginnen Sie den Tag mit einem Bummel durch die berühmte **Getreidegasse**. Lassen Sie sich treiben und besuchen Sie **Mozarts Geburtshaus** und die **Kollegienkirche** am lebhaften

Universitätsplatz. Auch die Besichtigung von **Residenz** und **Dom** darf nicht fehlen. Anschließend geht es dann per pedes oder mit der Bahn hinauf zur **Festung Hohensalzburg**. Nach einem Mittagessen im **Stieglkeller** mit zauberhaftem Blick auf Salzburg lohnt ein kleiner Abstecher zum idyllischen **Stift Nonnberg**. Wieder in der Altstadt, sollten Sie der **Franziskanerkirche** einen Besuch abstatten und dann im legendären **Café Tomaselli** am **Alten Markt** eine Pause einlegen. Nach einer Stippvisite in der barocken **Dreifaltigkeitskirche** in der Neustadt auf der anderen Seite der Salzach wartet **Schloss Mirabell** mit einem herrlichen **Park** und dem skurrilen **Zwerglgarten**. Den Tag beschließen könnte ein zünftiger Schmaus im **Augustiner Bräu** in Mülln oder ein Besuch im Kasino von **Schloss Klessheim.**

1 Wochenende in Salzburg

Freitag: Beschaulicher Start ins Wochenende ist ein Besuch von **Mozarts Geburtshaus** in der malerischen **Getreidegasse**. Anschließend geht es weiter zum **Dom**, zur **Residenz** und zur alles überragenden **Festung Hohensalzburg**. Nach einem Mittagessen im **Stieglkeller** folgt ein Spaziergang zum **Stift Nonnberg**. Anschließend ist die Neustadt am anderen Salzachufer an der Reihe, wo Kaffeehäuser mit wunderbarem Blick auf die Altstadt zur Pause einladen. Frisch gestärkt flanieren Sie die **Linzer Gasse** entlang und dann hinauf auf den **Kapuzinerberg** mit **Kloster** und **Kanzel an der Hettwer-Bastei**. Anschließend lohnt ein Besuch von **Mozarts Wohnhaus** am Makart-

platz und ein Blick in die **Dreifaltigkeitskirche.** Der Rest des Nachmittags ist reserviert für **Schloss Mirabell** mit seinen wunderbaren Gartenanlagen. Und wie wär's am Abend mit einem Essen im Restaurant ›**Wilder Mann**‹ und einer Mozartoper im **Marionettentheater**?

Samstag: Der Vormittag ist hervorragend geeignet, um in der **Getreidegasse** und im **Salzburger Heimatwerk** (Residenzplatz) ausgedehnt zu shoppen oder um auf dem **Grünmarkt** am Universitätsplatz vor der **Kollegienkirche** die geschäftige Atmosphäre zu genießen. Danach geht es zur **Franzis-**

kanerkirche und zum **Petersfriedhof** mit den faszinierenden Felsenkatakomben. Mittagessen gibt es im **Stiftskeller St. Peter** gleich nebenan. Der Nachmittag ist den Museen gewidmet: **Residenzgalerie**, **Salzburg Museum** sowie – mit herrlicher Aussicht – **Museum der Moderne Mönchsberg** oder – besonders beliebt bei Kindern! – **Haus der Natur**. Zwischendurch sollten Sie sich einen Kaffee im **Demel** am **Mozartplatz** oder im berühmten **Café Tomaselli** am **Alten Markt** gönnen. Am Abend könnten Sie noch ein Spielchen im Kasino von **Schloss Klessheim** wagen.

Sonntag: Heute bieten sich Ausflüge in die Umgebung von Salzburg an. Vormittags geht es zu Fuß oder mit dem Rad über die autofreie **Hellbrunner Allee** an zahlreichen Schlössern vorbei nach **Schloss Hellbrunn** mit seinen Wasserspielen, einem Park und dem **Salzburger Volkskundemuseum**. Gut zu Mittag speisen lässt es sich im Restaurant oder im Gastgarten von **Schloss Aigen**. Am Nachmittag können Sie wählen zwischen der barocken Wallfahrtskirche **Maria Plain**, dem Flugzeugmuseum **Hangar 7** oder dem **Salzburger Freilichtmuseum** mit seinen historischen Bauernhöfen aus dem Salzburger Land.